数字经济与城市数字化转型

——以广州为例

DIGITAL ECONOMY AND URBAN DIGITAL TRANSFORMATION:
A CASE STUDY OF GUANGZHOU

葛志专 著

·广州·

版权所有　翻印必究

图书在版编目（CIP）数据

数字经济与城市数字化转型：以广州为例/葛志专著. —广州：中山大学出版社，2021.12
　　ISBN 978-7-306-07281-8

Ⅰ. ①数… Ⅱ. ①葛… Ⅲ. ①数字技术—应用—城市建设—研究—广州 Ⅳ. ①F299.276.51-39

中国版本图书馆 CIP 数据核字（2021）第 168809 号

SHUZI JINGJI YU CHENGSHI SHUZIHUA ZHUANXING

| 出 版 人：王天琪
| 策划编辑：金继伟
| 责任编辑：周　玢
| 封面设计：曾　斌
| 责任校对：王　璞
| 责任技编：靳晓虹
| 出版发行：中山大学出版社
| 电　　话：编辑部 020-84110283，84113349，84111997，84110779，
|　　　　　　　　　　84110776
|　　　　　　发行部 020-84111998，84111981，84111160
| 地　　址：广州市新港西路 135 号
| 邮　　编：510275　　传　真：020-84036565
| 网　　址：http://www.zsup.com.cn　E-mail：zdcbs@mail.sysu.edu.cn
| 印 刷 者：广州市友盛彩印有限公司
| 规　　格：787mm×1092mm　1/16　17 印张　245 千字
| 版次印次：2021 年 12 月第 1 版　2021 年 12 月第 1 次印刷
| 定　　价：69.00 元

如发现本书因印装质量影响阅读，请与出版社发行部联系调换

本著作获得

广州市人文社会科学重点研究基地（2018—2020 年）
——广州国家中心城市研究基地

广州国际城市创新研究中心

共同资助

前　言

在人类社会经历了原始时代、农业时代、工业时代后，全球范围内以人工智能、大数据、区块链、量子计算等新一代信息科学技术为主导，并叠加生命科技、能源革命的新一轮科技革命和产业变革方兴未艾，促进了以"互联网＋""智能＋"为代表的数字经济的蓬勃发展，推动了人类社会加速进入数字时代，驱动了经济社会加速向数字化转型。数字经济已经成为新时期培育经济增长新动能、提升传统动能的重要途径，更成为当下全球主要国家和经济体、主要城市和区域竞争与合作的重要领域。

党的十八大以来，我国大力推动数字经济战略部署，抢占科技创新制高点，建设数字中国。党的十九大以来，习近平总书记多次对发展数字经济提出重要指示和要求，指出要深刻认识加快发展数字经济的重大意义，要把发展新一代人工智能等数字经济作为事关我国能否抓住新一轮科技革命和产业变革机遇的战略问题进行考量。中共中央政治局曾多次开展关于数字经济发展主题的集体学习。2018年10月25日，习近平总书记对广东提出了四个方面的工作要求，其中一个方面就是要"推动高质量发展。……要大力发展实体经济，破除无效供给，培育创新动能，降低运营成本，推动制造业加速向数字化、网络化、智能化发展"。党的十九届四中全会通过的《中共中央关于坚持和完善中国特色社会主义制度 推进国家治理体系和治理能力现代化若干重大问题的决定》更是首次将"数据"列为生产要素，这标志着我国以数据为关键要素的数字经济进入了新时代。党的十九届五中全会通过的《中共中央关于制定国民经济和社会发展第十四个五年规划和二〇三五年远景目标的建议》，明确提出要"加快数字化发展"，要"发展数字经济，推进数字产业化和产业数字化，推动数字经济和实体经济深度融合",要"加强数字社会、数字政府建设,提升公共服务、社会治理等数字化智能化水平"。这一系列部署充分表明发展数字经济的决策是党中央站在战略和全局的高度,科学把握全球社会、经济、科技发展规律和演变趋势,着眼于建设社会主义现代化国家而做出的重大战略决策。

纵观历次科技变革演变路径,城市因汇聚了主要的生产要素、创新人才、技术创新条件和现代产业体系,往往是技术变革和产业变革的起源地和发出辐射地。从20世纪70年代以来互联网的迅速发展,到90年代数字经济的兴起,都是发源于较为发达的城市。新技术、新产业、新业态、新模式的经济形态在全球快速发展,数字经济与城市发展相互促进、相互融合。数字技术的重大作用在于嵌入了城市经济的运行,使数字要素成了驱动城市经济发展、社会运行、城市治理的基础性动力。这一轮技术变革是全方位、多点突破的,必然会带来全方位的城市数字化转型。同时,自工业革命以来,城市成了人口经济活动的主要地域,集聚了大部分生产生活资源。这在带动生产力产生了巨大发展的同时,不可避免地引发了越来越广泛的城市治理难题,因而迫切需要新的治理方式对相关方面加以完善或革新。经过多年的实践,数字化手段正在成为城市发展方式转型的可行方法。城市数字化转型不是仅局限于经济范畴,也不是某一个方面或某几个领域的"孤军突进",而是一种全面的、整体性的转型。城市数字化转型的目标既应当提升城市发展能级与治理效能,也应当提升最广泛人口在城市发展中的福祉水平,增强人们的获得感。因而,研究数字经济带来的主要影响,研究数字经济如何促进工业时代的城市向数字时代的城市转型非常有理论意义和现实意义。

广州乃至全球的数字经济发展正处于起步阶段。改革开放的前40年,广州推动了产业体系从轻型工业体系向重型工业体系再到综合产业体系的演进,为国家中心城市的建设提供了坚实基础。站在新时代起点上,面向未来,广州要建设国际大都市,就必须做好迎接数字经济新时代到来的准备。广州是我国超大城市、国家中心

前　言

城市和全球城市,在国家生产力布局和区域发展战略中具有重要地位。强大的商贸业、制造业、现代服务业等产业基础为数字经济发展提供了丰富的数据资源和数字经济融合发展的"土壤"。目前,广州正在举全市之力大力推动人工智能与数字经济发展形成城市新引擎。建设全国数字经济标杆城市,对于开展数字经济发展和城市数字化转型的研究来说具有很强的代表意义。同时,广州在新型基础设施建设、数字技术创新、产业数字化转型升级、城市治理数字化等多个领域都形成了一定的基础,但仍处于探索之中。如何在全球数字经济多点突破、全面融合的趋势下,拥抱数字时代,抢先形成新优势,搭建数字城市的主体框架,推动城市经济社会的全面数字化转型,从而引领生产生活方式和运行模式全面创新,持续提升城市能级和核心竞争力,事关城市未来发展大局,事关广州更高质量主动服务新发展格局重要战略的实施以及国家使命的担当。

历史潮流,浩浩汤汤。时代赋予了城市新的使命,城市要实现美好发展,更需要主动拥抱未来。为更好地把握数字经济时代的发展脉搏,持续跟踪、展望、研判数字经济发展的未来趋势,主动适应新形势、新要求,我们开展了数字经济与城市数字化转型研究,意在关注数字经济的发展动态和规律特征,以持续适应调整和明确数字经济发展的重点。同时,我们以广州更高质量地发展数字经济为例,探讨了城市数字变革和数字化转型的基本路径和着力重点。数字经济正处于创新活跃、快速演进的阶段,理论界对此已有一些广泛深入的研究,这些研究为我们提供了宝贵经验和重要启示。不过,由于我们对数字经济的理解和认识需要根据实践不断校正深化,再加上笔者水平有限,拙著定有许多欠缺之处,敬请各界人士批评指正并提出宝贵意见。

目 录

第一章 绪论 ········· 1
 第一节 研究背景和意义 ········· 1
 第二节 研究内容和方法 ········· 6

第二章 数字经济内涵、基本构成与发展演进趋势 ········· 11
 第一节 数字经济内涵 ········· 11
 第二节 数字经济基本构成 ········· 22
 第三节 数字经济发展演进趋势 ········· 30

第三章 数字经济评价指标体系 ········· 40
 第一节 构建数字经济评价指标体系的意义 ········· 40
 第二节 数字经济评价指标述评 ········· 44
 第三节 城市数字经济发展指标体系 ········· 61

第四章 数字经济与城市数字化转型的关系 ········· 67
 第一节 城市转型与数字化转型的基本内涵 ········· 67
 第二节 数字经济对城市转型的影响 ········· 75

第五章 广州发展数字经济与城市数字化转型的基础 ········· 82
 第一节 广州发展数字经济的主要基础 ········· 82
 第二节 发展环境主要趋势 ········· 89
 第三节 广州发展数字经济的主要问题 ········· 91
 第四节 广州发展数字经济的主要挑战 ········· 95
 第五节 广州推动城市数字变革的主要取向 ········· 98

第六章　广州数字基础设施建设 ·················· 102
　　第一节　宽带网络基础设施建设评价 ·············· 102
　　第二节　5G 建设评价 ························ 105
　　第三节　工业互联网建设评价 ·················· 110

第七章　高质量推进广州数字经济试验区建设 ·········· 117
　　第一节　广州数字经济试验区建设意义与进展 ········ 117
　　第二节　广州数字经济试验区面临的潜在挑战 ········ 120
　　第三节　国家数字经济试验区建设经验与启示 ········ 123
　　第四节　广州数字经济试验区的探索方向 ············ 129

第八章　广州基础性数字产业发展与比较评价 ·········· 132
　　第一节　基本状况 ·························· 132
　　第二节　集成电路产业 ······················ 133
　　第三节　人工智能产业 ······················ 137
　　第四节　大数据产业 ························ 145
　　第五节　主要结论 ·························· 150

第九章　广州制造业数字化转型 ·················· 153
　　第一节　制造业数字化转型的基本内涵与主要影响
　　　　　　······························ 153
　　第二节　广州制造业数字化转型升级的主要基础与挑战
　　　　　　······························ 160
　　第三节　推动广州制造业数字化转型的着力点 ········ 171

第十章　广州服务业数字化转型 ·················· 177
　　第一节　广州服务业发展的基础 ················ 177
　　第二节　广州服务业数字化转型的比较 ············ 181
　　第三节　广州服务业数字化转型的特点 ············ 192

第十一章　后疫情时期广州城市治理数字化转型 ………… 195
　　第一节　疫情防控给城市治理带来的挑战与启示 ………… 195
　　第二节　疫情防控背景下广州数字治理的主要表现
　　　　　　与潜在不足 ……………………………………… 198
　　第三节　加快推进广州城市治理数字化与数字
　　　　　　转型的建议 ……………………………………… 203

第十二章　广州数字经济发展环境建设与比较评价 ………… 208
　　第一节　创新环境 ……………………………………………… 208
　　第二节　市场环境 ……………………………………………… 216
　　第三节　治理环境 ……………………………………………… 227

**第十三章　国内城市发展数字经济与城市数字化转型经验
　　　　　　及启示** ………………………………………………… 229
　　第一节　北京、上海、深圳、杭州数字经济发展
　　　　　　动态与经验 ……………………………………… 229
　　第二节　广州数字经济发展的比较与评价 ………………… 237
　　第三节　四城市对广州高质量推进数字经济发展的
　　　　　　启示 ……………………………………………… 240

第十四章　加快广州数字经济发展的策略 …………………… 244
　　第一节　谋划城市数字变革的新战略 ……………………… 244
　　第二节　加快构建数字经济新产业体系 …………………… 245
　　第三节　探索建设数字经济新平台体系 …………………… 250
　　第四节　努力完善数字城市生态体系 ……………………… 252

参考文献 ………………………………………………………… 258

第一章 绪 论

第一节 研究背景和意义

一、研究背景

(一) 新一轮技术周期加速到来

人类文明迄今经历了原始文明、农业文明、工业文明、知识信息文明四个时期,文明的关键动力要素经历了从劳动力、土地到资本、技术再到知识、信息的变迁,内涵越来越丰富。每一次变迁都促进了人类社会的进步和生产生活范式的转变,每一个文明阶段也都包括了起步期、成长期、加速期、过渡期几个部分。近代工业革命以来,科学技术被公认为第一生产力,在推动文明阶段变迁和跨越的过程中发挥了巨大作用,远远超过其他因素所产生的影响。以第一台电子计算机的出现为主要标志,发轫于20世纪70年代的信息革命,正在推动人类社会加快进入信息时代。从生产力、生产要素转变的角度来看,与农业经济、工业经济形态相对应,数字经济成了当下及未来一段时期的新型经济形态,数字要素则成为新型生产要素,正处于快速成长时期,数字化正以不可逆转的趋势改变着人类社会。

(二) 城市是技术爆发的起点

文明的发祥具有显著的地域性,扩散的过程是复杂的、非均衡的、竞争性的。当代数字科技的关键技术、人才的争夺显然早已是国家或地区之间竞争最激烈的焦点，数字经济则成为推动全球经济增长和转型的新动能。中华人民共和国成立以来，特别是改革开放以来，我国综合国力日益增强，加快崛起成为新兴大国，在激烈的、曲折的、复杂的全球竞争中，在部分科技领域取得了领先地位。当前，我国正从国家战略高度大力布局数字经济，努力抢抓新一轮科技革命的制高点。创新是国家命运所系，创新是发展形势所迫，创新是世界大势所趋。历史上，世界经济中心几度转移，而其中有一条清晰的脉络，就是科技创新一直是支撑经济中心地位的一个强大力量，领先的科技和尖端的人才流向哪里，发展的制高点和经济竞争力就转向哪里。

（三）城市面临动力结构转换、治理模式转型的压力

城市是经济社会运行的主要载体，到21世纪中叶，全球66%以上的人口将集聚在城市，[①] 而全球科技创新技术、创新人才和关键性支持要素几乎都源于城市、集聚在城市，城市代表了国家参与竞争与合作的基本单元。进入数字经济时代后，数字经济与经济社会的融合发展，将促进城市发展再一次跨越和转型，而城市也必然是数字经济蓬勃发展的主要空间。与此同时，数字技术为解决工业时代城市发展积累下来的各类治理难题提供了新思路、新方法、新手段，基于数据、面向数据和经由数据的数字治理正在成为全球数字化转型的最强劲引擎。可以预见，全面推进数字化转型将成为面向未来塑造城市核心竞争力的关键之举。推动数字经济发展不是简单的数字基础设施建设和软硬件部署，也不仅仅局限于一般意义上的产业数字化和数字产业化，而是一场宏大、复杂、全新的系统工程。这是一场预见未来、深刻全面的经济社会变革，涉及生产力和生产关系、经济发展和运营治理、发展理念和文化认同等多个方面，必须通过加强顶层设计和战略规划，对城市经济社会各个领域

---

① 参见联合国经济和社会事务部人口司《世界城市化展望》，2014年7月10日发布，第7~12页。

第一章　绪论

的发展做出统筹设计、综合研判，最终形成主动迎接和推动数字经济发展和数字变革的强大合力。

（四）广州抢抓机遇，塑造发展新动力

广州自古以来就是广东乃至岭南区域的政治、经济和文化中心，改革开放以来，更是国家对外开放的窗口、国家中心城市、超大城市。广州在取得了经济繁荣发展成绩的同时，也存在一些超大城市一般都会面临的资源紧缺、城市治理等难题，因此，面向数字时代，同样需要抢抓数字技术，发展数字经济，推动城市数字化转型。近年来，广州瞄准未来数字城市的特征和趋势，使城市数字变革稳步向前推进。广州还明确了发展数字经济的战略宏图和行动路线图，重点是要全面推进城市数字化转型，推动城市整体迈向数字时代，突破数据应用的瓶颈，把应用场景的开发效果激活，从而进一步提升城市系统的运行效率、配置效率和产出效率。以大数据深度运用为驱动，倒逼城市管理手段、管理模式、管理理念的深刻变革，需要打破技术与市场的壁垒，在数据价值化和数据市场建设上，进行更大范围的数字场景应用。广州需要依托制造业打造数字经济，推动汽车、石化等传统行业的数字化转型；把已有的中小企业培育成数字制造、数字服务等领域的龙头企业；建立跨部门、跨行业的数字经济与实体经济融合发展的协同机制；鼓励基础好、实力强的行业龙头企业积极采用新一代信息技术，探索智能制造等新模式。广州在推动产业数字化转型的过程中，还要摆正政府和市场的关系，结合市场需要推行产业政策，让市场充分发挥在产业发展、资源配置和产业建设中的关键性作用、决定性作用，从而为广州新旧动能转换开辟新路径。数字经济必将成为广州经济发展的新增长点，成为引领广州构建现代化产业体系的动力源和建成国际大都市的重要支撑。

二、研究意义

科技已不再是早期仅属于研究者的"思维体操"或"躺在"实验室的样品,而早已成为人类社会发展的重要驱动力和指引发展的主要方法论,对经济发展、社会发展和社会结构调整都起着强有力的校正、支撑和引领作用。

(一)理论意义

1. 提出了数字经济的基本分析框架

数字经济作为新兴经济范式,对传统经济运行模式、经济分析理论都形成了重要挑战和革新,经济、社会等领域的学科分析方法也将发生重要变化或不再适用于数字时代的学科研究需求。但是,目前国际上对数字经济的基本概念和内涵还没有达成共识,理论界关于数字经济的分析框架还不统一,国内外学者和研究机构对数字经济的分析逻辑差异性也较大。本书也尝试在总结已有研究成果和已达成共识环节的基础上,探索建立一个相对完整的分析框架,以有利于更加系统、全面地开展数字经济的相关研究。

2. 提出了城市数字化转型的主要维度

数字化转型的范围十分广泛,既涉及经济、社会、文化、法律等各个方面如何更好地利用新技术,也涉及新技术新模式如何更好地吻合各行各业的特点。简而言之,城市是生产力和生产关系在空间维度产生效应的重要载体,是各类生产要素发挥作用的主要单元,大部分研究主要从企业主体、细分行业、公共部门等单一视角来研究如何进行数字化转型。本书以超大城市为例,把城市发展的主要领域进行解构,细分为多个主要领域,在此基础上结合数字经济、数字技术特点,分析各领域数字化转型的主要趋势和演变方向,以及转型的重点和难点。

3. 提出了数字经济关于城市转型的主要机制

数字经济的显著特点之一是与传统经济社会范式深度融合,催生出运行模式各异的新经济、新业态、新模式，其不仅与传统业态运行模式不同，新兴的各领域的运行方式也有区别，如服务业、制造业的数字化过程将形成各自的特点。这也导致各个领域的数字化转型机制或者说数字技术、数字经济传统领域的影响机制是不尽相同的，需要我们针对不同领域开展细分研究。本书分别从产业、社会治理、公共部门管理、法治建设等不同角度分析了数字经济的影响机制和主要作用关系等，尝试探索出具有一般性、可推广的普遍共识。

（二）实践意义

1. 分析数字城市究竟要解决什么样的问题

发展数字经济，推动城市产业、治理体系转型是当下各界讨论和关注的热点，理论界、公共部门、市场主体及广大群众的认识并不统一，对如何发展数字经济，发展数字经济有何主要矛盾和主要难点也并不十分清晰。城市要如何高质量、低成本地促进数字技术与城市治理各领域的顺畅融合，数字经济如何服务城市运转这些方面还处于探索阶段，目前的一些看法和观点更多的是由大型平台企业或者寡头主体掌控了话语权，其科学性、有效性还有待实践检验。本书试图在建立数字经济和城市数字化转型的框架下，分析细分领域的数字化转型路径，阐述其过程中遇到的主要问题和障碍，并概括当下部分城市在推进数字城市建设中可能存在的误区，力争为城市数字化转型探索可行的逻辑方案。

2. 为广州数字化战略实施提供建议参考

面向未来，广州选择以发展数字经济为塑造城市新动力、新优势的主导战略，契合了新时代趋势，也履行了国家战略部署。广州产业结构特征、科技创新体系基础、人口规模和结构、城市功能、社会治理方式等多个方面在全国范围内都具有广泛的代表性，研究广州数字经济发展和数字化转型可以为更多城市发展数字经济提供参照。本书也提出了各层面数字转型的主要方式；从多个层面分析了广州数字经济的总体发展水平；分析了广州数字经济发展的短板；探讨了城市数字化转型的基本领域，各个细分领域的发展特点、比较优势；面向数字经济演变趋势，寻找未来突破的重点方向；提出了产业发展、城市治理、机制保障等方面的数字转型路径和策略，以期为广州有效盘活数字要素，推动城市高质量发展、塑造新优势提供建议参考。

第二节　研究内容和方法

一、研究内容及路线

（一）第一章至第四章为理论分析

第一章为绪论，介绍了本书的研究背景、研究意义、研究内容及研究方法。

第二章主要研究数字经济的内涵、基本构成与发展演进趋势。该章阐述了已有的数字经济相关理论研究，特别是基本概念研究的难点，概括了数字经济的基本特征；尝试搭建了数字经济的基本构成，为后续实践部分的分析构建了理论支撑；总结了数字经济发展的基本现状，展望了数字经济发展的基本趋势。目的在于便于读者了解和认识数字经济。

第三章主要研究数字经济评价指标体系。该章简述了当前国内外数字经济测算、统计的进展、主要难点、主要挑战，分析了数字经济指标体系构建的特点、区别和意义。在此基础上，从城市发展的视角构建了一套适合综合性评估的数字经济评价指标体系。

第四章主要研究城市转型的基本动因，分析数字经济、数字技术如何影响城市发展，二者的基本关系和影响机制，以及城市数字化转型的基本维度或主要内涵，目的在于为城市数字化这一实践行为建立理论基础和着力重点。

第一章 绪论

（二）第五章至第十四章为实践分析

第五章主要是围绕数字经济的基本构成，以广州这一超大城市为例，研究广州发展数字经济、推动城市数字化转型的具体领域。该章从综合与宏观视角，分析广州当前经济社会的阶段性特征、结构性特点，在实施数字经济发展战略时所面临的形势，包括发展的基础和优势，以及在面向未来数字时代时的潜在问题和重要挑战。

第六章主要分析广州数字基础设施建设的状况。数字基础设施是发展数字经济、城市数字化转型的基础支撑，广州应选取数字基础设施中的重点领域，与其他先进城市进行比较，从而评价广州数字经济基础设施的优势与不足，并简要提出提升基础设施发展水平的建议。

第七章主要分析广州数字经济试验区建设的思路。这是广州新时期面向未来打造的城市发展引擎，将起到带动全局转型的作用。该章分析了建设进展、未来可能会面临的潜在挑战，以及国内国家级数字经济试验区的建设进展和启示，并提出了未来广州的探索方向。

第八章主要分析广州基础性数字产业的发展状况，对应数字经济的基础产业或核心产业部分（一些研究机构也将其划分为数字产业化），选取人工智能、区块链、大数据等代表性产业进行分析研判，并与国内先进城市做对比，总结广州数字产业的弱项和短板，并简要提出做强数字产业的相关建议。

第九章专题研究广州制造业数字化转型的思路。制造业是数字化转型升级的关键领域，该章结合对广州制造业企业、部门调研的情况，分析了广州制造业数字化过程中的难点和挑战，提出了广州未来发展的着力点。

第十章专题研究广州服务业数字化转型的状况。该章简述了广州服务业发展的状况，并对部分服务业数字化转型升级的情况进行了比较分析，提出了当前广州服务业数字化过程中遇到的阶段性难点和问题。

第十一章专题研究疫情防控情况下广州的城市数字化治理。该章结合在新冠肺炎疫情暴发的背景下，数字化手段在推动城市治理中的重要作用和表现，并结合广州实际，提出广州可以进一步提升的空间。

第十二章主要分析广州数字经济发展和城市数字化转型的综合环境，在创新环境、市场环境、治理环境等层面进行了相关对比分析和评价，这些支撑环境是促进数字经济可持续发展的重要因素，也是实现数字化转型的必要条件和重点领域。

第十三章通过案例分析，总结了国内先进城市如北京、上海、深圳、杭州等发展数字经济的主要做法以及在相关领域的创新性经验和实践措施，为广州更好地促进数字经济发展，推动城市数字化转型改革和创新提供参照。

第十四章提出广州数字经济发展的对策建议。该章从更加宏观和便于实践的视角，围绕战略组织谋划、产业体系培育、平台建设、生态体系建设四个层面，提出了符合广州实际的建议。

二、研究方法

数字经济涉及政治、经济、科技、人文、城市、法律等多个领域，覆盖范围极为广泛，因此，必须通过跨学科、综合性、多样化的研究方法开展研究。本书不仅运用了常用的文献研究、案例归纳、调研访谈、理论演绎等方法，也采用了定性与定量、动态与静态、规范与实证分析相结合等一些典型的研究方法。

（一）系统分析与因素分析相结合

系统分析采用发现问题、设立目标、提出方案的步骤，往往与因素分析相结合，用于重大而复杂问题的分析研究。本书对数字经济分析进行了解构，并分析了各个领域存在的主要问题和现状；概括了影响数字经济发展和数字转型的因素，围绕数字经济发展的趋势，分析了未来城市数字化转型的基本方向和目标愿景，对各领域的发展方向提出了相关建议和发展思路，总体上遵循了系统分析方法的基本步骤和要求。

（二）实证分析与规范分析相结合

实证分析重点在于解决"是什么"的问题，即研究经济现象的客观规律和内在逻辑；规范分析则要解决"应该是什么"的问题，即经济现象的社会意义，分析得出的结论带有较强的主观性，重点在于价值判断。本书在多处使用了实证分析，如利用百度 POI（兴趣点）数据验证了广州与周边城市科技创新资源的分布情况，利用相关模型测算了数字产业的产出状况，目的是对广州经济的客观状况予以呈现。同时，对照数字经济发展趋势，分析广州城市数字化转型的弱项和短板，提出了关于未来发展的许多建议。

（三）静态分析与动态分析相结合

静态分析是一种静止地、孤立地考察某些经济现象的方法，只考察任一时点上的均衡状态。动态分析则考察经济变量在变动过程中相互影响和彼此制约的关系，考察时间因素的影响。本书分析了广州数字经济的发展现状，对截面条件下数字经济各个领域的发展状况进行了分析，并与其他地区进行了对照对比。从长时间角度，认识了数字经济不同阶段的主要影响和城市数字化转型的重要特征，在未来可能出现的状况与当下情况的对比中，探寻数字经济和城市数字化转型由起步发展到日臻成熟（非均衡到均衡状态、非充分到充分状态）的可行路径，并分析在打造新的城市经济增长极这一转型期间城市变迁过程中的转型制约因素及转型方式。

（四）定性分析与定量分析相结合

本书中多数章节都采用了定性分析与定量分析相结合的研究方法，特别是对数字经济的概念和内涵进行了定性界定，对城市数字化转型主要领域的细分环节进行了定性划分，以便于开展结构化、系统化研究，并对未来数字演变趋势进行了定性判断，对高质量推动全方位的数字化转型提出了相关建议；同时，本书也结合了大量的统计数据、统计模型测算结果，对广州数字经济的发展规模、核心产业和关联产业的竞争能力进行了广泛的定量对比，对数字经济发展环境的创新环节等进行了定量计算评估。

第二章　数字经济内涵、基本构成与发展演进趋势

数字经济作为农业经济、工业经济后的人类经济社会新形态，塑造了未来经济新的内涵与边界，其体系构成和运营模式区别于传统范式，同时又融合于生产生活的各个领域。全球正迈向数字经济时代，数字经济正成为全球经济的重要动力和新的竞合领域，对全球经济体系的重塑正处于量变至质变的快速发展阶段。

第一节　数字经济内涵

一、数字经济的概念

（一）技术周期的演变

从历史的长周期看，技术在人类经济社会的演变中起到了重要的驱动作用。以技术的表现形式为划分标志，社会历经了漫长的以人力和畜力为主要动力的农业时代；直至18世纪六七十年代，蒸汽机在西方国家的广泛应用，代表了工业时代的开启；随后以电力技术、自动化技术为主要动力的电气技术快速发展，工业时代进入了更高阶段。1946年，世界上第一台电子计算机诞生，直至20世纪70年代，计算机技术迅猛发展并被大规模使用，再到90年代互联网浪潮兴起，信息时代便步入了蓬勃发展的阶段。21世纪初的10年，在信息技术不断演化的基础上，新一代信息技术、人工智能、大数据技术、区块链技术、工业互联网技术、量子通信技术等新兴技术崛起，同时叠加生物技术、新能源技术、新材料技术等更

多领域技术的快速发展，预示着人类社会进入了新一轮的技术周期。这是继农业经济、工业经济之后一种新的经济社会发展形态——数字经济形态。作为一个历史范畴，数字经济形态是经济系统中技术、组织和制度相互作用的宏观涌现，这一过程中，以基于技术进行资源配置优化为导向的人类经济活动的高度协同和互动所塑造的新生产组织方式的不断演化，构成了数字经济的本质。[①]

在每一轮经济长周期中，社会都会出现一次技术变革波，进而通过技术创新形成新经济，推动全球经济走出低迷。自19世纪的工业革命以来，全球已经出现了五次技术变革波，第五次即20世纪90年代开始的信息技术革命。既往的技术变革波的发展阶段大致可以被分为技术创新导入期和技术创新展开期，两个阶段大致各持续30年。在导入期，新的技术开始进入原本成熟的经济体系中，打乱原有的结构，并连接起新的工业网络，建立新的基础设施，扩散新的和先进的生产方法。在展开期，新技术所主导的经济范式将形成新经济。按照这一规律，1990—2020年大致为数字经济的导入期，预计2020—2050年将为数字经济的发展期。根据世界经济论坛的预测，数字化程度每提高10%，人均GDP（国内生产总值）将增长0.5%～0.62%，至2025年，全球经济的近1/2都将源自数字经济。[②]（见表2-1）

表2-1 工业革命以来世界经济长周期与技术变革波

经济长周期	技术变革波	标志性技术和产业
第一轮（1795—1825年、1825—1850年）	第一波（1780—1840年）	蒸汽机、纺织业

[①] 参见张鹏《数字经济的本质及其发展逻辑》，载《经济学家》2019年第2期，第25～33页。
[②] 参见世界经济论坛《全球信息技术报告2012：身处一个超连通的世界》，2012年4月发布，第125页。

续表2-1

经济长周期	技术变革波	标志性技术和产业
第二轮（1850—1873年、1873—1890年）	第二波（1840—1890年）	钢铁、煤炭、铁路
第三轮（1890—1913年、1913—1945年）	第三波（1890—1940年）	电气、汽车、化学
第四轮（1945—1971年、1971—1990年）	第四波（1940—1990年）	计算机、汽车、生物
第五轮（1990—2008年、2008—2030年）	第五波（1990—2050年）	信息技术、生产性服务业、数字经济

表格来源：作者自行整理。

（二）数字经济概念

研究数字经济的首要议题是应认识到什么是数字经济。关于数字经济的定义或概念，不少国家、组织、机构和专家都从不同角度进行了阐述，但因为数字经济具有独特特征，人们迄今尚未对其概念达成共识，而这恰好是当前数字经济研究的最大难点之一。随着信息技术的发展，信息和数据作为生产要素进入经济体系当中并逐渐发挥关键作用，由此催生了数字经济的兴起和发展。目前，数字经济发展状态已然成为一个国家和地区经济发展所具有的活力和潜力的多少的象征。事实上，自泰普斯科特（Tapscott）于1996年在其出版的《数字经济时代》一书中正式提出数字经济概念以来，数字经济的发展就迅速引起了理论界和实务界的高度关注，也在全球范围内掀起了一股研究数字经济的浪潮。也有学者认为，数字经济的概念可以理解为，一切基于（数字）计算机生产的产品和提供的服务，均属于数字经济的活动范畴。① 我们认为，比较权威和受到各界高度认可的观点是 2016 年 G20（二十国集团）杭州峰会上发布的《二十国集团数字经济发展与合作倡议》具体提出的：数字经济是指以使用数字化的知识和信息作为关键生产要素、以现代信息网络作为重要载体、以信息通信技术的有效使用作为效率提升和经济结构优化的重要推动力的一系列经济活动。总体来说，国外对数字经济的界定主要侧重于具体的经济活动范围，其内涵相对较窄。我国则把数字经济界定成一种融合性的经济形态，强调产业数字化也是其重要组成部分，内涵更加宽泛。相关学者认为，广义层面的定义方式具有一定优势，如涵盖面更为全面和合理，操作更为标准化，实践经验更为充足和可靠。②（见表 2-2）

表 2-2　部分国家、组织、机构和专家对数字经济概念的理解

序号	来　源	理　解
1	G20 杭州峰会发布的《二十国集团数字经济发展与合作倡议》（2016 年）	数字经济是指以使用数字化的知识和信息作为关键生产要素、以现代信息网络作为重要载体、以信息通信技术的有效使用作为效率提升和经济结构优化的重要推动力的一系列经济活动
2	美国商务部经济分析局（2018 年）	数字经济主要包括数字使能基础设施、电子商务和数字媒体三部分。其中，数字使能基础设施分为硬件、软件、电信和相关支持服务四部分
3	英国国家统计局（2015 年）	数字经济包括电子商务和支撑基础设施两部分。其中，支撑基础设施又分为硬件、软件和电信三部分

---

① 参见周宏仁《做大做强数字经济　拓展经济发展新空间》，载《时事报告（党委中心组学习）》2017 年第 5 期，第 99～114 页。
② 参见续继《国内外数字经济规模测算方法总结》，载《信息通信技术与政策》2019 年第 9 期，第 78～81 页。

续表 2-2

序号	来　源	理　解
4	俄罗斯《数字经济指标：2017》	数字产业包括 ICT（信息通信技术）产业和数字内容产业两个部分。其中 ICT 产业包括与设备生产、服务提供、ICT 产品进出口、电信四个领域相关的所有经济活动，数字内容产业包括与出版、影视制作租赁和放映、广播电视、新闻媒体四个领域相关的经济活动
5	中国信息通信研究院（以下简称"中国信通院"）《中国数字经济发展白皮书（2017 年）》	数字经济包括数字产业化和产业数字化两个部分。其中，数字产业化也称为数字经济基础部分，即电子信息制造业、信息通信业、软件服务业等信息产业；产业数字化也称为数字经济融合部分，包括传统产业应用数字技术所带来的生产数量和效率的提升，其新增产出构成数字经济的重要组成部分
6	腾讯研究院《数字经济白皮书 2017》	数字经济是融合性经济，包括计算机制造、通信设备制造、电子设备制造、电信、广播电视和卫星传输服务、软件和信息技术服务等数字经济基础产业，互联网零售、互联网和相关服务等数字化行业，以及因信息通信技术的应用与向数字化转型所带来的产出增加和效率提升的部分
7	梅宏院士（2018 年）	数字经济包括提供核心动能的信息技术及其装备产业、深度信息化的传统行业和产业、跨行业数据融合挖掘的大数据应用产业

表格来源：作者根据公开资料整理。

二、数字经济的基本特征

综合上述定义及各方观点，我们可以得知，数字经济作为继农业经济、工业经济之后的一种新的经济社会发展形态，对人类社会的影响将是全方位的，而且，将使许多领域的既有的生产生活方式发生颠覆性、全局性、创新性的变化或变革。数字经济不仅会在生产力层面推动劳动工具数字化、劳动对象服务化、劳动机会普惠化，而且也会在生产关系层面促进资源共享化、组织平台化，带动人类社会发展方式的变革、生产关系的再造、经济结构的重组和生活方式的巨变，进而渗透经济社会的每个环节。数字经济正处于突飞猛进、日新月异的发展阶段，具有高度复杂性和不断演进的特征。相较于传统的经济运行范式，我们认为，数字经济的主要特征可以从以下五个方面加以提炼。

（一）数字成为新的生产驱动要素

数字经济区别于工业经济、农业经济的核心特征之一是数据成了新的生产要素和驱动动力。在传统经济社会运行中，劳动力、土地、资本是基础性的生产要素，促进了经济增长和发展；而在数字经济新形态下，尽管在数字要素的产权界定、交易配置方式、价格形成、市场体系等各方面尚未形成一套得到全球认可的成熟机制，但我们应清晰地了解到数字要素已成为市场交易的对象，是促进经济增长的动力，也是人们社会活动不可或缺的重要介质之一，对国民经济的持续发展以及国民收入的分配越来越重要，符合生产要素的一般性特征。从狭义层面理解，仅从国民经济增长的动力要素来看，其增长函数的因变量将发生变化（见表2-3）。同时，学者们已有的研究认为，数字是将劳动、资本、土地、技术、知识和管理等生产要素进一步联系起来的桥梁型生产要素，其并非只增加了生产要素的种类或数量，更是促进了现有生产要素之间更密切交互关系的形成，进而产生推动经济高质量发展的动力。[①]

[①] 参见谢康、夏正豪、肖静华《大数据成为现实生产要素的企业实现机制：产品创新视角》，载《中国工业经济》2020年第5期，第42～60页。

第二章　数字经济内涵、基本构成与发展演进趋势

表2-3　经济增长函数的变化情况

经济形态	农业经济	工业经济	数字经济
增长函数	Y = F (A、L、T)	Y = F (A、K、L、T)	Y = F (A、D、K、L、T)
要素变化特点	土地、劳动力等自然要素是主要动力	资本成为工业经济规模化发展的重要动力	数据成为数字经济发展的关键因素

注：Y表示经济产出，F表示生产函数，A表示技术进步，L表示劳动力，T表示土地，K表示资本，D表示数据。
表格来源：作者自行整理。

（二）新型市场主体形成新的生产组织方式

生产要素本身并不产生价值，只有当生产者与生产资料相结合，并投入生产过程后才会形成价值。对于数字要素而言，其本身并不产生价值，需要有适应性的市场主体、经营使用主体将数据要素使用与各行各业相融合，投入国民经济的生产经营过程中，才可将其价值显性化。然而，在传统的部门经济中，直接以数字生产、经营、交易、分配为主的市场主体虽然发展迅速，但还没有占据主导地位。而放在数字经济开启新的经济形态的长周期的预期下看，目前，数字经济仍然处于初步发展阶段，未来将诞生更多以数据为核心经营要素的新型市场主体，如人工智能、大数据、区块链、量子科技等行业，以及更多潜在的与传统产业相融合的数字经营行业，工业时代的行业将被替代或相对减少。与之相适应，随着数字技术的广泛应用，各类主体的生产组织和决策方式将随之改变，如科层制、金字塔式、流水线式的运营决策方式将加速向扁平化、网络化、自动化转型，数字要素被科学应用于生产的组织管理，这将大幅度提高管理决策的效率。（见表2-4）

表2-4 工业经济与数字经济时代组织制度结构的主要特点与区别①

项目	工业经济	数字经济
组织制度概括	科层制	网络化
规则运转逻辑	行动者专业化且高度理性。行动者根据组织目标进行劳动分工并实现专业化，通过专业化培训使所有劳动者按照某个既定标准进行程序化操作。同时，组织中每个层面的职位占有者具有非人格化的理性，体现了工业经济的社会理性	组织资源的集中与分散是相对的和变动的，组织流程、制度与形式具有极强的灵活性以便适应环境的高度动荡。简而言之，网络化源于组织的信息结构从不及时、不连续、不细化和不完整转变为及时、连续、细化和完整的过程
决策管理逻辑	行动者按权威、等级、流程与规章行动。组织建立合法权威，实行金字塔型的等级制度，以合乎逻辑和高效的方式实现复杂目标从而保障组织的控制与协调。同时，依靠严密稳定的规章制度来运行，即规章制度成为科层制的管理基础	组织的分层模块化结构支撑着多层次的规则异构性和多主体的决策自主性，形成了管理边界的可扩充性和可选择性，组织边界因变得模糊而体现出边界不确定性的特征
参与主体雇佣关系	按普遍标准选拔和考核行动者。强调量化的管理工具，重视通过绩效考核量才用人，通过普遍的用人标准选拔专业人才，形成合乎理性的管理体系	组织具有多管理区域且灵活组合，行动者雇佣关系与非雇佣关系相互影响，支撑前端多主体决策与后端大平台决策的资源协同需求，形成多元化的组织创新特征

---

① 参见谢康、吴瑶、肖静华《数据驱动的组织结构适应性创新——数字经济的创新逻辑（三）》，载《北京交通大学学报（社会科学版）》2020年第7期，第6～17页。

第二章 数字经济内涵、基本构成与发展演进趋势

（三）新兴的产业类型和产业业态

技术革命引起了经济革命，科学技术上的发明创造会引起劳动资料、劳动对象和劳动者素质的深刻变革和巨大进步；伴随新的技术变革的是新一轮的产业变革，数字技术的创新和大规模应用，必然重塑产业体系、商业模式、市场交易和贸易规则。数字将成为企业的核心资产，引发企业业务功能、流程与组织架构发生革命性变化，也将有很多企业被淘汰或被数字化融合，一批新的企业会快速崛起。可以预见，经过信息技术的洗礼和市场的大浪淘沙，未来的企业都将是数字化企业。从2018年8月8日波士顿咨询公司（BCG）发布的《2018年BCG全球挑战者——数字化驱动：一日千里》报告来看，2018年全球挑战者百强名单中近60%的公司不是数字化原生企业就是数字化技术应用者；而在2012年时，仅有17%的企业应用数字技术，可见数字企业发展之快。学者们也从微观经济层面上研究归纳了正在快速发展的许多新经济的新形态（见表2-5）。

表2-5 数字时代新经济形态的主要特征[①]

新的经济形态	主要特征
数字经济	产品形态去物质化，产品过程去物质化（如数字化制造、数字化研发、数字化营销等），产品免费成为常态
智能经济	智能产品、智能生产、智能服务、智能组织
尾部经济	长尾效应下的尾部产品、尾部客户、尾部市场
体验经济	消费过程与生产过程合一、消费者与生产者合一
共享经济	共享资产、共享部门、共享员工、共享客户

---

① 参见李海舰、李燕《对经济新形态的认识：微观经济的视角》，载《中国工业经济》2020年第12期，第159～177页。

续表 2-5

新的经济形态	主要特征
零工经济	从在职员工到在线员工、从一人一职到一人多职、个体成为微观经济主体
全时经济	全时研发、全时生产、全时服务、全时消费
平台经济	精准经济效应、速度经济效应、网络经济效应、协同经济效应
生态经济	生态链、生态圈、生态群

（四）新型的就业结构与就业方式

技术进步对就业的影响是理论界在历次技术变革中必然会发生争论的话题，内容主要围绕着这种影响是创造效应还是颠覆效应来展开，而实践往往表明，这两种效应是同时存在的。数字技术的特点，必然会引发对传统就业劳动人员技能的替代或增强，从而，数字经济新兴行业必然引发对就业人口的新需求。这将产生两方面的影响：一方面，数字经济将创造大批新的就业岗位，如数字技术行业本身将创造新的就业供给和需求。更大规模的新兴就业岗位将产生于与数字行业相关联的各行各业，其长尾效应、乘数效应将十分显著，个性化、分散化、共享化、弱联系度的从业特点更加明显，比如对传统的交通、餐饮、社区服务、物流、贸易等服务行业的就业影响已经显现。另一方面，鉴于"数字鸿沟"的存在，即一些劳动者不具备数字经济行业的劳动技能，或所从事行业的特点不适应数字时代行业的演变特点，一些重复性、低技术含量、可标准化、可智能化的流程及环节将被数字程序、数字设施设备所替代，处于这些环节的就业岗位的不具备先进劳动技能的劳动者将面临失业风险。可以预见，在数字经济快速发展而人们尚未彻底形成数字素养的一段时期内，结构性失业和周期性失业将同时存在。（见表2-6）

表2-6 工业经济时代、数字经济时代技术条件就业特点比较

项目	工业经济时代就业特点	数字经济时代就业特点
时代技术条件	工业化时代,机械化、规模化、标准化生产,链条式分工	数字化时代,自动化、定制化、虚拟化生产和服务,网络式分工
岗位特点	信息不充分,固定的就业岗位	信息充分,灵活的就业岗位
劳资双方契约关系	一对一的劳动关系,合同契约管理,长期、稳定的隶属关系	多对多的劳动关系,共享参与,松散型、灵活期限的隶属关系
企业管理特点	对就业人员强联系的管理控制,企业文化、系统管理和标准化管理流程	弱联系的合作关系;强调目标导向,重视个体对企业各环节的参与
就业人员从业特点	遵守劳动合同,按企业运行管理规则完成企业任务	与企业共赢、平等合作;灵活参与企业需求,薪酬、时间灵活自由

表格来源:作者自行整理。

(五)新的经济运行生态

数字经济重塑了生产生活方式,再造了商业合作、产业合作的流程,对全球经济、政治关系都将产生重要影响,新型的经济社会运行生态正在加快形成。围绕数字经济产业链,集数字设施建设、数字技术研发、数字资源整合、数字内容生产、数字平台建设、数字应用服务、数字标准规则、数字环境治理等于一体的数字经济网络式生态体系即将形成。工业品、科技、媒体和电信、能源、医疗保健、金融服务等众多行业已开始广泛应用数字化技术。许多企业正积极投资内部数字创新和产品研发,踊跃寻求加入数字生态系统或创建自己的数字生态系统,采用并购、私人投资等方式从创业公司和新技术中获取数字化能力。经济体系、组织体系、治理体系、

社会结构和产业结构都正在经历一场具有空间规模和影响力的数字化转型与变革。(见表2-7)

表2-7 数字经济与工业经济的主要特点对比

项目	工业经济时代	数字经济时代
生产要素	劳动力、资本、土地	劳动力、资本、土地、数字
生产工具	普通机器	计算机、互联网、数字设备
生产资料所有制	独享为主	共享为主
劳动力	工人	工人、机器人、智能化设施设备
劳资关系特点	一对一、契约制、强隶属性、科层制管理	一对多、合作制、平等化、共享式
生产者关系特点	链条式、强联系	网络式、弱联系
就业特点	标准化、流程化、稳定性强、分工合作	个性化、定制化、松散性强、参与式

表格来源：作者自行整理。

第二节　数字经济基本构成

在经济社会运行和科学技术创新实践中，全球范围内数字经济发展日新月异，而通过对现有文献的研究可以看出，人文社会科学领域对于数字经济的理论研究往往滞后于数字技术的发展，我们对于该领域基本问题的阐释和拓展研究仍在持续推进中。比如，数字经济的基本构成是数字经济研究的首要命题之一，从目前的理论文献和机构报告来看，虽然一些研究机构和学者对数字经济的构成了进行了解构分析（见表2-8），但目前理论界还未对数字经济的基本内涵、基础理论研究、内涵构成与测度评价等基础性问题达成统一共识或形成共有框架。

第二章 数字经济内涵、基本构成与发展演进趋势

已有的相关研究以行业主体为主,主要是采用建立指标体系的方法,在一定程度上反映市场动态和趋势,便于服务商业决策。但对数字经济基础理论的研究相对欠缺,而且更大的困惑在于传统的统计方法显然已经不适用于数字经济形态,更为科学、更便于操作的数据来源、统计方法还处于探讨中。一些商业机构热衷于开展与数字经济、数字社会、数字政府相关的各类指数分析,但往往因数据样本、计算方法的差异,引致最终结果的较大差异,甚至引发社会误导现象。

表2-8 部分学者和研究机构关于数字经济基本构成的分析

机构/作者	主要构成	出版物
第一财经、阿里研究院	数字基础设施、数字商业指数、数字产业指数、数字政务指数、数字民生服务指数	《中国主要城市数字经济发展报告2019》
国家工业信息安全发展研究中心	数字基础设施、数字产业、产业数字化转型、公共服务数字化变革、数字生态环境	《2019京津冀数字经济发展报告》
中国信息化百人会	基础型数字经济、福利型数字经济、融合型数字经济、效率型数字经济、新生型数字经济	《2017中国数字经济发展报告》
赛迪研究院	基础指数、产业指数、融合指数、环境指数	《2019中国数字经济发展指数白皮书》
上海社会科学院	数字基础设施、数字产业、数字创新和数字治理	《2018全球数字经济竞争力发展报告》
阿里研究院、毕马威	数字基础设施、数字消费者、数字产业生态、数字公共服务、数字科研	《2018全球数字经济发展指数报告》

续表2-8

机构/作者	主要构成	出版物
腾讯研究院	数字产业、数字文化、数字生活、数字政务	《数字中国指数报告（2019）》
新华三集团数字经济研究院	数据及信息化基础设施、城市服务、城市治理、产业融合	《中国城市数字经济指数白皮书（2019）》
周宏仁	直接数字经济、间接数字经济	《时事报告（党委中心组学习）》2017年第5期

表格来源：作者根据公开资料自行整理。

借鉴已有的相关研究，本书认为，数字经济构成可以大致划分为数字基础设施、数字经济基础性产业、数字经济关联性产业和数字经济生态环境四个主要部分，且数字要素、数字技术贯穿在各环节中。各个环节的主要内容分析如图2-1所示：

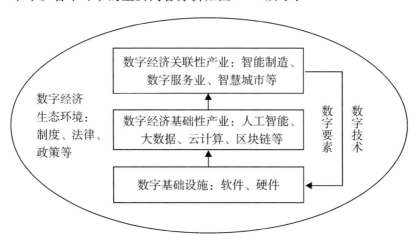

图2-1 数字经济构成示意

第二章 数字经济内涵、基本构成与发展演进趋势

一、数字基础设施

我们认为,数字基础设施(digital infrastructure)包括信息化基础设施和对物理基础设施的数字化改造(或称为融合型数字化基础设施)两部分(见表2-9),核心是包括5G(第五代移动通信技术)基站与网络、工业互联网、数据中心、物联网等在内的数字化基础设施,这是数字经济新技术、新产业、新业态发展的基础。从历史经验来看,任何一轮技术革命大致都可以分为两个阶段:第一阶段是新基础设施的"安装期",第二阶段则是新技术潜力得以充分发挥的"发展期"或"黄金期"。第三次技术革命之后,以人工智能为驱动力的第四次技术革命,正在引领人类社会进入数据驱动、智慧共享的发展轨道。目前,全球范围内作为第四次技术革命基础支撑的数字基础设施正处在"安装期"和"导入期",而且其投入使用的紧迫性越来越明显。缺乏适当的IT(信息技术)基础设施以及基础设施老化已经成为采用AI(人工智能)或物联网等未来新技术的障碍,现有的网络尚无法满足云、移动化、物联网和新业务模式的需要。不仅如此,在当前全球经济受疫情影响面临衰退的大背景下,数字基础设施建设本身也将成为新经济的重要增长点。事实上,华为《全球联接指数(GCI)2017》报告显示,信息和通信技术基础设施投资所带来的经济倍增效应日益明显,2025年每增加1美元的投资将拉动5美元的GDP增长。

表2-9 数字基础设施主要类型①

主要类型	细分行业
信息化基础设施	数字化科技创新基础设施，如5G、数据中心、工业互联网、物联网等重大科技基础设施、科教基础设施及融合创新基础设施； 智能化数字基础设施如宽带无线网络、超级计算网络、量子计算、边缘计算、先进传感与显示、先进可靠性软件等领域设施
融合型数字化基础设施	资源能源、交通物流、先进材料、农业、生物产业、教育、文旅、医疗、体育、生态环境、海洋、空天等领域智能化、数字化设施

二、基础性数字经济产业

经济功能是城市功能的最基础功能，经济形态是数字经济的主要形态，代表了数字时代的主要表现形式。城市经济功能与城市产业规模、城市产业结构之间存在正相关的函数关系，城市功能的转型即城市产业经济的发展转型。② 因而，数字产业也是数字经济的基本组成部分，城市数字化转型的关键领域在于城市产业的数字化转型。从自技术范式到经济范式的维度来看，基础性数字经济产业主要是指以数字技术为基础形成的以信息产业为核心的经济形态。当前，各界公认的数字技术主要领域包括云计算、大数据、区块链、人工智能等新一代信息技术产业，传统产业划分中的电子信息制造业、信息通信业、软件服务业等也属于基础性数字经济产业，这类产业在数字经济体系中起到核心带动作用和共性支撑作用，是

---

① 参见潘教峰、万劲波《构建现代化强国的十大新型基础设施》，载《中国科学院院刊》2020年第5期，第545～554页。
② 参见石正方、李培祥《城市功能转型的结构优化分析》，载《生产力研究》2002年第2期，第90～93页。

经济形态的底层架构。随着数字技术的更新迭代演变,新的信息产业业态将不断产生,从而,基础性数字经济的构成范畴也将不断拓展。这一演变过程因数字技术的创新而促使经济形态内涵不断丰富,这也必然是一个动态变化的过程。然而,数字技术本身与产业运行往往是融为一体的,特别是在技术应用领域,一般来说,云计算、大数据、区块链、人工智能等数字技术与工业时代的制造业、服务业等相对传统的产业是相互结合而产生新的经济形态的,因而传统的经济统计方法还难以精确统计数字经济的规模和结构。基础性数字经济产业在国民经济分类中还难以直接体现,在统计方法上的体现则仍在探索研究中,国内外研究机构和组织往往将基础性数字经济产业作为信息产业的一部分,以便间接估算数字经济的增速、规模、结构等统计结果。基于实际演变情况,为便于较为清晰地梳理和研究,课题组将基础性数字经济的研究范围界定为云计算、大数据、区块链、人工智能等行业,以及与其密切相关的电子信息制造业、信息通信业、软件服务业等。(见表2-10)

表2-10 基础性数字经济行业分类

主要领域	细分行业
ICT制造业	集成电路、电子元器件、新型显示、传感器、存储、工业互联网平台、5G移动通信、人工智能、VR(虚拟现实)等行业
新型行业	云计算、大数据、物联网、人工智能等新技术、新业态
信息化应用	信息传输、软件和信息技术服务业,"互联网+"工业,能源、农业、金融、交通、医疗、教育等传统产业

表格来源:作者自行整理。

三、数字经济关联性产业

传统产业体系支撑着以往大工业经济的发展,数字经济则需要得到现代产业体系的支撑才能稳定发展。① 笔者认为，数字经济关联性产业是指以数字技术或者数字要素赋能或者投入到生产和服务活动过程中，推动生产方式变革从而实现生产效率提高的经济活动。数字经济关联性产业集中体现为产业数字化转型。（见表 2-11）这一概念国内最早由中国信通院提出，② 后广为引用，但本书认为，"产业数字化"这一词语在语义上表明的是一种发展状态而非要素构成，不适宜作为数字经济组成结构的定义方式。近年来，随着大数据、云计算、人工智能、区块链和 5G 等新兴技术的快速发展和产业化，数字技术与实体经济加速融合，推动产业迅速转型升级，引发了各领域、各行业的业务形态变革和产业结构调整，数字经济关联性产业正迎来爆发式增长。Gartner（美国高德纳咨询公司）通过对全球 3000 位企业首席信息官的调研而形成的《2019 年全球首席信息官议程调查》显示，2019 年实现规模数字化的企业比例将从 2018 年的 17% 快速增长到 33%。而中国信通院发布的《中国数字经济发展白皮书（2020 年）》显示，2019 年，我国数字经济增加值达到 35.8 亿元，占 GDP 比重 36.2%，数字经济名义增速 15.6%，比同期 GDP 增速高出 7.85 个百分点。2019 年，我国产业数字化增加值达到 28.8 万亿元，服务业、工业、农业的数字化渗透率分别达到 37.8%、19.5% 和 8.2%。

表 2-11 数字经济关联性产业主要构成

分类	主要领域
产业数字化	如服务业、工业、农业领域的数字化
公共服务数字化	如医疗、教育、交通等领域的数字化

表格来源：作者自行整理。

---

① 参见谢康、王帆《数字经济理论与应用基础研究》，载《中国信息化》2019 年第 5 期，第 7~13 页。
② 参见中国信息通信研究院《中国数字经济发展白皮书（2017 年）》，2017 年 7 月 13 日发布，第 3 页。

四、数字生态环境

良好有序的发展环境是推进数字经济可持续发展的重要基础。数字经济涉及的环节庞大复杂、紧密交织，数字基础设施建设、数字技术创新及应用、数字经济延伸拓展、数字经济对生产生活方式的影响亦非单一性、线性关系，因此，必须有相应的规则、制度、政策予以支撑，才有可能建构数字经济良性循环发展的有机整体。广义上，我们可以把支撑数字经济发展和运行的各类规则、制度、政策、机制等统称为数字生态环境。随着数字技术和数字经济的不断发展，相应的发展环境也处于动态变化之中。良性的发展环境也对数字技术和数字经济的健康发展起到了积极促进作用，可以降低创新成本和风险，保障数字经济与经济社会融合发展的良性秩序，降低各类交易成本。狭义上，我们可以根据数字经济系统的主要环节，把数字生态环境主要分类为创新环境、政策环境、市场环境和治理环境，四类环境各有侧重、相互交叉。（见表2-12）

表2-12 数字生态环境简要分类

环境类型	参与主体	主要环节
创新环境	企业、研发机构	产学研合作、人才环境、市场竞争秩序、投资、产权、激励制度、风险投资制度、技术标准等
政策环境	政府部门	产业政策支持、公共数据开放、数据平台管理、政府监管等
市场环境	企业、行业组织	数字交易规则和服务、价格机制管理和监督、数字要素有效流通等
治理环境	公民、市场主体、政府、行业组织	法律框架、行业监管、数据风险防范、伦理道德安全、全球合作等

第三节　数字经济发展演进趋势

一、传统经济理论面临挑战和颠覆

传统经济发展的历史背景是工业社会，而人类正在进入信息社会，需要修正原有的经济学理论，重新构建新的经济学理论。[①] 数字技术的基础理论源于信息技术领域，系统论、信息论和控制论被称为系统科学的"老三论"。在信息领域，人们主要是基于信息论并运用概率论和数理统计方法研究信息、信息熵、通信系统、数据传输、密码学等问题，涉及的多是应用数学理论。数字技术转化应用于产业领域后，发展成长于经济社会领域，进而形成数字经济，在经济运行中，也涉及诸多经济社会理论，比较突出的是对信息经济学的影响。1961年，美国经济学家约瑟夫·尤金·斯蒂格利茨（Joseph Eugene Stiglitz）发表的《信息经济学》研究了信息的价值及其对价格、工资等的影响，他认为，获取信息需要成本，不完备的信息会导致资源的不合适配置。数字经济发展对信息经济理论产生了一定的冲击，如大数据产业对传统成本理论的颠覆；共享经济对传统产权理论的颠覆，弱化了私人品的竞争性，也提高了公共品的排他性；[②] 以及跨界竞争对传统市场竞争理论的颠覆。互联网、大数据可以在一定程度上消除或减少"信息不对称"的现象，市场可以在某种程度上成为一只"看得见的手"。

[①] 参见金江军《数字经济引领高质量发展》，中信出版社2019年版，第55页。
[②] 参见张浩南、廖萍萍《共享经济研究动态与评述》，载《福建商学院学报》2019年第1期，第9～15页。

二、数字技术重点领域快速迭代演变

数字技术是数字时代得以演进的核心，正处于系统创新、深度融合与智能引领的重大变革期。云计算、大数据、人工智能、物联网等技术正在加速发展，云计算极大地拓展了高性能计算的发展模式，大数据深刻改变了高端存储的发展方向，人工智能全面提升了传感感知的技术能力，软件定义理念则加快了通信网络的智能化演进进程。技术路线和发展模式的快速、深刻调整，推动了计算网络化、网络智能化、传感智能化的深入发展，极大地激发了先进计算、高速互联、高端存储、智能感知的技术创新活力和应用潜力，带动了技术能力和效率的指数级增长。一些前沿技术正快速成为各国科技创新的重点领域。未来网络、量子通信、新型密码等新技术正走向研发阶段，下一代超级计算机的计算能力将冲上百亿亿级。近年来，各国纷纷加快对超级计算机的研发，计划于2020—2021年将计算能力达百亿亿次的超级计算机投入使用。数字技术与其他领域也在加速融合创新，新型应用模式正突破发展。数字技术与生物科学、新型材料、能源、交通等领域融合，创造了工业互联网、能源互联网、智能材料、生物芯片等新的产业形态和商业模式。轻量化、智能化成为新材料技术的发展潮流，新材料技术正加速向智能化方向发展。（见表2-13）相关国际机构也对当下的前沿技术进行了一些概述。

表2–13 Gartner发布的2021年主要战略技术趋势

技术名称	主要特点
行为网络（internet of behaviors，IoB）	行为网络是关于使用数据来改变行为的方式，它可以从多种来源收集、合并和处理数据，包括：商业客户数据，公共部门和政府机构处理的公民数据，社交媒体数据，人脸识别的公共领域部署数据，位置跟踪数据，等等
全面体验（total experience）	全面体验结合了多重体验，如客户体验、员工体验以及用户体验等，其目标是提高从技术到员工，再到客户和用户所有这些部分相交的整体体验，并将其转化为业务结果
隐私增强计算（privacy-enhancing computation）	隐私增强计算有三种技术可以在数据被使用时保护数据。第一种方法提供了一个可信的环境，可以在其中处理或分析敏感数据，它包括可信的第三方和硬件可信的执行环境（也称为机密计算）；第二种方法以分散的方式执行处理和分析程序，它包括联合机器学习和隐私感知机器学习；第三种方法是在处理或分析之前对数据和算法进行加密，它包括差分隐私、同态加密、安全多方计算、零知识证明、私家集交叉和私有信息检索。这一技术使得组织能够在不牺牲机密性的情况下，安全地跨地区与竞争对手进行数据共享。这种方法是专门为日益增长的数据共享需求而设计的，同时还能确保隐私性或安全性
分布式云（distributed cloud）	分布式云是指将云服务分布到不同的物理位置，但服务的运营、治理和发展仍然由公有云提供商负责。这一技术使得组织能够在物理位置上更靠近这些服务，同时还有助于解决低延迟的场景，降低数据成本，并帮助组织适应规定数据必须保留在特定地理区域的法律

续表 2-13

技术名称	主要特点
随处运营 (anywhere operations)	这种运营模型允许客户、雇主以及业务合作伙伴在任何地方（物理或是远程虚拟环境）访问、交付和启用业务。随处运营的模式的特点是"数字优先，远程优先"，其还提供了五个核心领域的增值体验，分别为协作和生产力、安全远程访问、云和边缘基础设施、数字化体验量化、远程运营自动化支持
网络安全网格 (cybersecurity mesh)	网络安全网格是一种分布式架构方法，用于可扩展、灵活和可靠的网络安全控制。目前，许多网络资产正存在于传统的物理和逻辑安全边界之外。网络安全网格本质上允许在个人或物体的身份周围界定安全边界。通过集中策略编排和分布策略实施，它支持更模块化、响应性更强的安全方法
智能组合型业务 (intelligent composable business)	智能组合型业务是指能够根据当前情况进行调整，并从根本上重新安排自身的业务。随着企业组织加速数字业务战略的发展以推动数字化转型，他们需要根据当前可用的数据做出更敏捷、快速的业务决策
人工智能工程化 (AI engineering)	人工智能工程化立足于三大核心支柱：数据运维、模型运维和开发运维。人工智能工程化让人工智能成为主流 DevOps（过程、方法与系统的统称）流程的一部分，而不是一组专门的、孤立的项目。它在操纵各种 AI 技术组合的同时，提供了更为清晰的价值路径

续表 2–13

技术名称	主要特点
超自动化 （hyperautomation）	超自动化是指一个组织中任何可以自动化的东西都应该自动化。随着数字业务的加速发展，组织需要一套高效、高速以及民主化的流程，那些不关注效率、性能和业务敏捷性的组织势必会被远远地甩在后面，面临被淘汰的命运。超自动化是一股不可避免且不可逆转的趋势，一切可以而且应该被自动化的事物都将被自动化

注：战略科技发展趋势是指具有巨大颠覆性潜力、脱离初期阶段且影响范围和用途正不断扩大的战略科技发展趋势。这些趋势会在未来5年内迅速增长、高度波动，预计将达到临界点。

数据来源：美国高德纳咨询公司。

三、数字技术渗透并变革传统经济社会运行模式

数字技术正加速向产业领域融合渗透，根据中国信通院的测算，2019年，全球产业数字化占数字经济的比重达到84.3%，全球服务业、工业、农业数字经济的占比分别达到了39.4%、23.5%、7.5%。①（见图2–2）以物联网、人工智能、云计算、大数据、5G、区块链为代表的数字技术加速促进了传统产业的数字化转型升级，成为高质量发展的重要驱动力。数字技术的应用和新模式、新业态的出现正在改变和重塑传统的经济社会结构。

---

① 参见中国信息通信研究院《全球数字经济新图景（2020年）——大变局下的可持续发展新动能》，2020年10月14日发布，第23页。

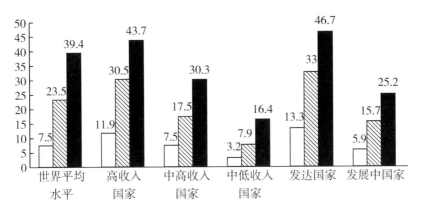

图2-2　2019年全球及不同组别国家三次产业数字经济占比①

在产业组织领域，数字化技术将促进生产过程的柔性化、集成化，使产品生产更加"智能化、个性化、网络化、服务化"，从而加快企业研发设计、生产管理、协同营销的集成应用。远程诊断、在线运维、个性化定制和供应链集成服务等创新模式不断呈现，提升了制造业的生产效率，促进了管理精细化。产业产能、产品质量和生产效率得到了极大的优化，智能工厂、数字化车间大量出现，顾客对工厂（C2M）、消费者对商家（C2B）等线上线下融合的生产模式层出不穷。

在社会服务领域，数字化服务日益普及，重塑了社会发展新格局。数字化服务成了公共服务的主要方式，城市服务正朝着智能、便捷、高效的方向发展。以新冠肺炎疫情期间为例，2020年年初爆发的全球新冠肺炎疫情冲击了全球经济发展、阻碍了社会正常运行，导致全球经济陷入衰退，供应链、产业链遭受硬阻断。在此背景下，远程医疗、远程办公、电子商务、在线教育等数字经济新业

---

① 参见中国信息通信研究院《全球数字经济新图景（2020年）——大变局下的可持续发展新动能》，2020年10月14日发布，第24页。

态、新模式快速发展，数字经济、数字技术成为疫情之下支撑经济社会运行的重要力量。同时，网络社会加速构建，传统的社会组织与结构加速向扁平化、多中心模式发展演化。这一趋势必将深刻改变人类传统的生活生产方式。

在就业创业领域，未来65%的人将从事当前还未出现的与数字有关的职业，数字公民群体将成为数字经济时代区别于工业经济时代、农业经济时代的新群体。根据波士顿咨询公司发布的《迈向2035：4亿数字经济就业的未来》，2035年中国整体数字经济规模将接近16万亿美元，数字经济渗透率48%，总就业容量达4.15亿人。但是，大量就业人口的岗位未来会由于技能含量低而被技术取代，掌握综合化的不易被数字技术取代的技能及素质的就业者将享有更广泛的职业发展空间。

四、全球数字经济规模再上新台阶

当前，世界先进国家都在积极谋划发展数字经济。继美国先进制造国家、英国工业2050计划、德国工业4.0、韩国制造业创新3.0、日本先进制造业国家战略计划等战略之后，各国争相发展以移动互联网、物联网、云计算、大数据、人工智能等为代表的数字技术，推动数字经济发展从基础型数字经济拓展到技术型数字经济、资源型数字经济、融合型数字经济、服务型数字经济等多个领域。传统经济面临着各种风险挑战，数字经济则作为未来经济的新兴领域和支撑力量，在全球实现了逆势增长。全球数字经济规模由于统计口径不同，各个机构测算的差异性较大，但是，数字经济正以远高于GDP增长的速度快速增长已成共识。其延续了近年来蓬勃发展的态势，总体经济规模再上新台阶。根据中国信通院的测算，全球数字经济相对领先的47个国家的数字经济总量，2019年的增加值规模达到31.8万亿美元，占GDP比重达到41.5%，增速达到5.4%，高于同期全球GDP增速3.1个百分点。高收入国家数字经济规模占全球比重达到76.9%，发达国家数字经济规模是发展中国家的2.8倍多。美国数字经济规模全球第一，达到13.1万亿美元。德国、英国、美国数字经济占该国GDP比重都已经超过60%。（见图2-3）

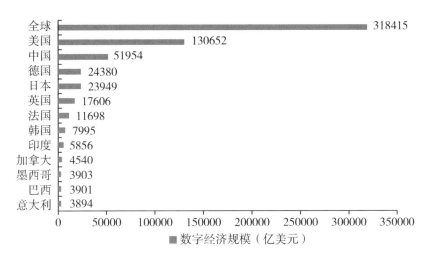

图2-3　2019年全球及主要国家数字经济规模①

五、全球数字经济发展环境深刻调整

一方面，全球经济面临衰退风险，国际上贸易保护主义、科技冲突、单边主义、民粹主义抬头，在全球经济复苏缓慢乃至陷入衰退的背景下，传统的经济发展模式和合作规则受到极大挑战，生产要素的全球流动受阻、生产关系的有序运转受到抑制、生产力的边际效益在下降。（见表2-14）

---

① 参见中国信息通信研究院《全球数字经济新图景（2020年）——大变局下的可持续发展新动能》，2020年10月14日发布，第14页。

表2-14　全球经济体2019年增长率及IMF对2020年、2021年增长率的预测

（单位:%）

项　　目	2019年	2020年预测	2021年预测
全球	2.9	-3.0	5.8
发达经济体	1.7	-6.1	4.5
美国	2.3	-5.9	4.7
欧元区	1.2	-7.5	4.7
德国	0.6	-7.0	5.2
法国	1.3	-7.2	4.5
意大利	0.3	-9.1	4.8
西班牙	0.7	-5.2	4.3
日本	0.7	-5.2	3.0
英国	1.4	-6.5	4.0
加拿大	1.6	-6.2	4.2
新兴市场与发展中经济体	3.7	-1.0	6.6
中国	6.1	1.2	9.2
印度	4.2	1.9	7.4
俄罗斯	1.3	-5.5	3.5
巴西	1.1	-5.3	2.9
墨西哥	-0.1	-6.6	3.0
沙特阿拉伯	0.3	-2.3	2.9
南非	0.2	-5.8	4.0

数据来源：国际货币基金组织（IMF），《世界经济展望》，2020年4月。

另一方面，影响全球政治经济的变量多元且影响能力加强，特别是新技术将成为重要的影响因素之一。主要国家和经济体更加注重加快推进数字经济发展战略，各国从重视顶层设计进一步转向推

第二章 数字经济内涵、基本构成与发展演进趋势

动技术创新应用和能力提升,在新型基础设施、制造业数字化转型、数字贸易、数据跨境流动、数字服务税及数字货币等数字经济关键领域方面加快布局,对于大数据、人工智能等领域的研发创新和应用发展加快建设,对于数字安全、数字使用、数字伦理、数字税收等领域的国际治理规则和措施加快实施和完善。(见表 2-15)

表 2-15 全球趋势 2030——改变全局的主要因素

主要因素	主要内容
危机频仍的全球经济	1. 西方世界的困境 2. 新兴国家的关键时刻 3. 全球经济格局多极化
治理能力的差距	1. 国内治理的风险与机遇 2. 平等与开放更受关注 3. 新型治理形式 4. 一个新的地区秩序 5. 全球多边合作
更多的潜在冲突	1. 国家内冲突持续减少 2. 国家间矛盾产生概率上升
地区动荡的蔓延	1. 中东:处于转折点 2. 南亚:冲击即将来临 3. 东亚:各种战略未来 4. 欧洲:自我转型 5. 撒哈拉以南非洲:2030 年时来运转 6. 拉美:繁荣与脆弱并存
新技术的冲击	1. 信息技术 2. 自动化与制造业技术 3. 资源技术 4. 医疗技术

资料来源:美国国家情报委员会(NIC),《全球趋势 2030:多元化的世界》(*Global Trends 2030*:*Alternative Worlds*),2012 年 12 月。

第三章 数字经济评价指标体系

数字经济的统计重点至少应包括数字经济的增加值和增速，以及数字经济结构或分行业的统计两大层面，以便于经济主体观察发展形势和市场动态，制定战略计划与政策措施，因此，建立一套合乎数字经济发展特点和趋势的科学统计方法和指标体系显得极为重要。

第一节 构建数字经济评价指标体系的意义

数字经济已成为全球各国、主要区域、重点城市的发展重点和热点，是未来全球经济振兴发展的重要增长动力。数字技术已经在经济社会各领域广泛渗透和深度融合，必然需要一种公认的统计测度体系和方法。而且，数字经济的发展路径已经对传统的国民经济核算体系产生深刻影响，加快统计制度和统计方法创新势在必行，因此，开展数字经济统计乃至设置新型的国民经济统计方法，对于动态跟踪观察数字经济发展，以及对于宏观政策的制定和实施都具有重要意义。

一、重要意义

（一）有利于与时俱进地有效开展国民经济监测

数字经济作为拉动经济增长的新动能和促进经济高质量发展的新引擎，已经是国民经济的重要组成部分。数字技术及数字产业直接带动着经济增长和升级，贯穿在农业、工业、服务业等传统经济部门的融合型产业和未来新兴产业更是国民经济增长的主动力，对其进行精准、科学、动态化的监测显然极为必要。我们应积极运用新兴的数字技术方法和框架，统计和测量数字经济的发展和增长情况，以及努力开展对国民经济核算体系的再革新，以适应数字经济背景下传统产业行业边界逐步消失或跨界的特征。对数字经济的统计监测既要兼顾当前发展规模，也要注重测定其未来发展潜力，然而当前的统计制度主要是建立在样本抽样、周期性上报、定性与定量推断预测的基础上的。对于中国这样的经济规模庞大、人口众多、市场主体和产业类型极为丰富的经济体而言，统计的样本量相对有限，统计结果在一定程度上容易受到人为因素干扰，数据时延性较强、统计成本高。显然，我们有必要尽快统一数字经济的概念内涵、统计范围、分类标准体系、统计理论基础和实践操作方法。

（二）有利于更好地把握数字经济内在结构演变和发展趋势

数字经济融合跨界发展是其典型特征，对其进行动态观察评估具有重要意义，有利于政策制定和把握行业发展趋势，但目前对其进行统计监测极为困难，也颠覆了传统统计方法的基本理论和方法。数字经济贯穿于不同行业、不同部门，跨界融合混业现象突出，且不同国家处于不同发展阶段，国际上还难以直接对数字经济形成统一公认、可比可统计的方法。此外，现有统计分类还难以对数字化产品做出明确分类，如传统汽车属于制造业，但无人驾驶汽车则属于深度数字化产品和服务，因此需要进一步细化统计范围，否则容易造成重复统计或统计缺失。但数字技术及数字化产业的发展本身也为统计数据来源和统计手段的丰富提供了新的方向。在数字经济时代，人们的生产生活活动都可以逐渐运用数据形式得以实时记录，这极大地拓展了统计数据来源，增强了统计数据的多样性、及时性和准确度；同时，大数据技术也进一步促进了统计理念、统计手段和分析工具的变革，从而让实时、准确统计经济社会运行状况成为可能，也让统计数字经济本身的发展状况成为可能。

由此可见，通过运用综合性方法、构建综合性的指标体系来判断和衡量数字经济的总体发展状况是未来可行的统计方向之一。当前，主要经济体和国际组织包括我国相关部门和机构也都在加快构建数字经济的统计和测量方法。

二、主要挑战

数字经济测度问题已成为学术界关注的一个热点。数字经济的发展对传统统计体系带来了巨大的冲击，如何改进和发展数字经济的测度理论与方法成为摆在人们面前的重大课题。

（一）统计对象的边界不够清晰

首先，统计必然要明确统计的对象。数字经济的测算必须建立在数字经济的内涵基础之上，因此应明确数字经济的边界，划分数字经济的范围。但目前至少从理论文献和世界主要研究机构的结论看，人们甚至是对数字经济的定义都远未达成一致。正如联合国贸易和发展会议（UNCTAD）所指出的，对数字经济进行测度的首要挑战就在于缺乏统一的数字经济定义，这也给国际比较、国家政策制定带来很大困难。数字经济仍处于加速发展阶段，其内涵也在不断变化，人们对其的认识也是逐步递进的过程，目前要对其进行清晰的界定显然比较困难。

其次，进一步细分来看，有学者指出，传统工业经济时期的国民账户体系（SNA）统计中区分了生产者、消费者和资产范围，并运用了不同账户对经济活动进行核算。而数字经济形态有以下特征：一是生产边界模糊。数字经济中的消费者也可变为生产者，导致生产边界模糊，如众多的数字平台网络为个人提供了市场经营准入条件，非企业化的个人成了产品和服务的供应方、创造者，这些活动进而改变了传统意义上的消费者与生产者的交互方式。二是消费边界模糊。在 SNA 统计体系中，家庭内部的服务并未被纳入核算范围，不作为交易行为；而在数字经济形态下，消费者因数字技术、网络的使用，部分原来作为自给的产品和服务被供应到市场，这使传统统计框架下的消费边界变得模糊。例如，呈现出的就业者群体不再是仅具有单一职业和拥有单一收入来源的群体，而是可以利用闲暇时间选择自己擅长的工作或在家利用闲置物品获取收入的群体；失业者也不再是以往常规定义中的失业者，就业形式也不再限于传统的雇用或全职模式等；而且，对数字产品和服务的估值困难，价格和服务量难以确定，使得现行统计体系无法真实测度消费者的交易情况。三是资产范围模糊。数据要素成了数据资产，拥有巨大潜在价值，但还难以用市场价格加以衡量，且 SNA 仅将数据维护和建设数据库的费用作为固定资产进行统计，而数字经济核心部分的数据本身的价值未被纳入统计范畴。[①]

（二）新兴的经济业态影响了传统统计方法的准确性

在数字经济蓬勃发展的趋势下，基于数字技术的新兴服务和新型商业模式大量呈现，家庭式、非市场化的生产活动规模快速增长，如在线订票、网络新闻、电子邮件服务、在线音乐、网络视频等层出不穷的免费服务已是常态。但这部分价值很难在 GDP 中得到核算，这显然扩大了经济增长（GDP 增长）和家庭福利增长之间的差距。由数字经济带来的消费者剩余在扩大，虽然 SNA-2008 账户体系已经对关于数字经济多个领域的统计思路进行了设计更新，但对于如何开展具体的统计实践，这方面的思路还不够清晰完善，因而，现有的 GDP 统计中时常会出现"漏统计"的现象。

同时，有学者指出，数字技术的进步也对价格统计形成了挑战。数字经济中会出现数字产品规模化生产的功能和品质大幅提升而价格却不断下降的现象。传统的价格指数编制中的"一篮子"货物商品和服务，其变更速度往往滞后于现实经济中的产品更新速度，新出现、新发明的数字产品往往无法及时被纳入其中，导致计

---

① 参见陈梦根、张鑫《数字经济的统计挑战与核算思路探讨》，载《改革》2020 年第 9 期，第 52～67 页。

算出的价格指数不能准确地反映实际价格的变动。① 这必然会影响以不变价格计算的 GDP 的真实性。

（三）非市场交易活动难以统计

传统的统计方法往往要求统计的数据以结构化数据为主，收集方式比较固定。在 SNA 的统计准则下，数据可以标识样本信息，比如身份识别、个体行为、经济活动特征等，形成的数据结果更便于经济分析。而在数字经济条件下，经济活动往往呈现出大数据的特征，人们的经济交易、非交易活动往往是在网络平台、中介平台发生的，庞大的数据量为经济分析提供了强大的数据基础，但数据特点是更加庞杂、不规则。这类行为往往呈现出非结构化、多样化，以及高频率、高度碎片化的形式，而且使用权和拥有权的产权分离特征明显。这导致了新型的海量数据特征不符合传统的统计方式要求，也导致了传统统计方法的低效率甚至无效，不适用于数字经济中数据统计的要求和特征，难以全面、真实地反映数字经济的动态和演变趋势。②

第二节　数字经济评价指标述评

一、指标体系评价的双重维度

从统计核算视角看，数字经济从狭义上可以被理解为类似于部门经济，在国民经济账户体系中使用完善的统计方法处理后进行增加值的统计，作为产出的一部分；从广义上看，数字经济可以被理

---

① 参见马骏、司晓、袁东明等《数字化转型与制度变革》，中国发展出版社 2020 年版，第 158～180 页。
② 参见陈梦根、张鑫《数字经济的统计挑战与核算思路探讨》，载《改革》2020 年第 9 期，第 52～67 页。

解为经济形态,不仅涉及经济增加值,还可以拓展至经济社会发展和运营的各个领域。数字经济作为当前新经济的主要形式,其测度指标体系研究得到了广泛重视,国外主要有 OECD(经济合作与发展组织)和欧盟两大国际组织,国内近几年来则涌现了很多研究机构。[①] 针对数字经济的统计,也表现出两种路径:一是数值核算。这主要是指开展数字经济的规模或增加值统计核算。二是综合评价。数字经济的发展状态,从体系评估的角度以指数化形式表示发展程度。在理论研究中,人们对于数字经济的测算虽然在统计方法、测算体系等方面暂未达成统一共识,但这些问题一直是各界关注的首要议题和前沿问题,学者们也对各机构的相关指标进行了归纳。本节在诸多学者研究的基础上,尝试对国内外比较有代表性、有影响力的指标进行比较分析。(见表3-1)

表3-1 数字经济指标体系[②]

发布机构	指标名称	指标构成(层级、各层指标数量)	首次发布时间	出处来源
欧盟	数字经济与社会指数(DESI)	5/12/31	2014年	*DESI 2017:Digital Economy and Society Index*
美国商务部数字经济咨询委员会(DEBA)	数字经济评测建议	—	2016年	*Measuring the Digital Economy-BEA*

---

① 参见李金昌、洪兴建《关于新经济新动能统计研究的若干问题》,载《现代经济探讨》2020年第4期,第1~10页。

② 参见徐清源、单志广、马潮江《国内外数字经济测度指标体系研究综述》,载《调研世界》2018年第11期,第52~58页。

续表 3-1

发布机构	指标名称	指标构成（层级、各层指标数量）	首次发布时间	出处来源
经济合作与发展组织	衡量数字经济	4/38	2014 年	*Measuring the Digital Economy: A New Perspective*
世界经济论坛	网络准备指数（NRI）	4/10/53	2002 年	*The Global Information Society Report 2016*
国际电信联盟	信息化发展指数（IDI）	3/11	1995 年	*Measuring the Information Society Report 2017*
中国信通院	数字经济指数	3/23	2017 年	《中国数字经济发展白皮书 2017》
赛迪顾问	数字经济指数	5/34	2017 年	《2017 中国数字经济指数（DEDI）》
腾讯公司	"互联网+"数字经济指数	4/14/135	2017 年	《中国"互联网+"数字经济指数 2017》
上海社会科学院（以下简称"上海社科院"）	全球数字经济竞争力指数	4/12/24	2017 年	《全球数字经济竞争力发展报告 2017》

（一）数字经济增加值测算体系

测算数字经济的增加值对于准确监测国民经济极为重要，不仅能丰富经济结构，更能直观反映增长动力的变化与趋势。实践中，一些国家或国际组织的统计部门已经对数字经济测度开展了许多有益探索，其主要思路是在国民账户体系 SNA-2008 基础之上进一步丰富和延续，具有代表性的是 OECD 数字经济核算体系、BEA（美国商务部经济分析局）数字经济核算体系和中国信通院的评估方法。我们综合已有相关研究文献，在此对其进行简要介绍和评述。

OECD 数字经济核算体系是国际上开展最早、积淀最深、最具影响力、时效性较强的研究。2014 年，OECD 在《衡量数字经济——一个新的视角》报告中提出了数字经济指标体系，涵盖四个维度 38 个具有国际可比性的指标，建立了数字经济的基本框架。[①]（见表 3-2）OECD 认为，数字经济具有低成本、标准化、动态化、数据驱动化、结构分散等特征，从而确定了三个核算维度：一是数字经济的规模、范围、速度，二是所有权、资产、经济价值，三是关系、市场和生态系统。传统核算方法很难反映数字经济的全貌，因此需要采取新的方法来测度。

在考虑经济主体、经济客体及支撑条件后，OECD 认为，对于数字经济核算范围，需要重点关注六个方面：一是提高对 ICT 投资及其与宏观经济表现之间关系的度量能力，二是定义和度量数字经济的技能需求，三是制定度量安全、隐私和消费者保护的相关指标，四是提高关于 ICT 社会目标及数字经济对社会影响力的度量能力，五是通过建立综合性和高质量的数据基础设施来提高度量能力，六是构建一个可将互联网作为数据源使用的统计质量框架。

在具体测算方法上，OECD 衡量 GDP 的专家小组采用卫星账户方法，基于数字交易的数字化订购、促成平台、数字化传输三个特征，以并集方式对数字经济活动进行识别，核算的数字交易包括生产者、产品、交易性质和使用者四个要素。

---

① 参见向书坚《OECD 数字经济核算研究最新动态及其启示》，载《统计研究》2018 年第 12 期，第 3～15 页。

表 3-2　OECD 数字经济核算方法①

主要维度	主要指标	调查获取方式
智能基础设施投资	宽带普及率、移动通信服务量、数据安全性、安全及隐私威胁敏感性、域名服务量	常规调查
	跨境电子商务	抽样调查
	ICT 设备和应用、网络服务速度、网络资费	跟踪调查
	个人数据价值、恶意案件、跨境数据风险、国家网络安全	未来发展指标
社会推进	互联网使用和网络购物、政务数字化	常规调查
	在线活动、用户成熟度	抽样调查
	青年信息化、教育信息化、工作信息化、跨境内容	跟踪调查
	儿童信息化、医疗信息化	未来发展指标
创新性释放	ICT 研发支出、ICT 创新、电子商务、ICT 专利、ICT 设计、ICT 商标	常规调查
	ICT 知识扩散度	抽样调查
	微观数据统计	未来发展指标
增长和就业	ICT 投资、ICT 业务动态、ICT 增加值、ICT 劳动生产率、电子商务、ICT 行业就业人数、ICT 贸易统计	常规调查
	通信服务质量	未来发展指标

OECD 对数字经济的测度与传统统计方法（主要指 SNA 体系）的不同之处在于：一是对住户部门分类做出调整，以识别数字经济的生产者和使用者；二是增加了对数字经济促成因素（基础设施建设）的核算，重点测度数字经济的主要支撑行业；三是核算具

---

① 参见陈梦根、张鑫《数字经济的统计挑战与核算思路探讨》，载《改革》2020年第9期，第52~67页。

备数字特征的经济交易,排除了非数字特征交易。

然而迄今为止,在实践运用中,该指标体系仍在不断完善中,还难以直接用于广泛范围的统计核算。OECD成员国对数字经济的测度多是涉及部分维度或领域,OECD还难以公开选取固定的样本国家进行全面的数据评估和横向对比。

BEA数字经济指标体系是指美国商务部数字经济咨询委员会在2016年的《数字经济委员会第一份报告》中提出的数字经济指标体系。该指标体系主要对三类数字产品和服务进行了单独测算,包括数字经济规模、产业增加值、就业和收入等系列指标。测算包括三个步骤:一是明确数字经济的概念定义;二是根据定义,结合美国供给-使用表识别数字经济产品类别(商品和服务),主要是基于北美产业分类体系(NAICS)进行分类;三是使用美国供给-使用表确定数字经济产品生产的行业,并估算与此生产活动相关的产出、增加值、就业等数据。[①](见表3-3)

表3-3 BEA数字经济核算内容及方法[②]

类型	分类	主要内容	测算方法
数字媒体	直销式数字产品和服务	直接向消费者销售的数字产品	主要估算的是数据流服务、互联网出版和广播
	免费式数字产品和服务	公司免费向消费者提供数字产品和服务	
	大数据服务	一些公司生成大型数据集合,收集有关消费者行为或偏好的信息,通过出售这些信息(有时称为"大数据")或其他方式获得收入	

---

① 参见徐清源、单志广、马潮江《国内外数字经济测度指标体系研究综述》,载《调研世界》2018年第11期,第52~58页。

② 参见陈梦根、张鑫《数字经济的统计挑战与核算思路探讨》,载《改革》2020年第9期,第52~67页。

续表 3-3

类型	分类	主要内容	测算方法
电子商务	B2B（企业对企业）电子商务	利用互联网或其他电子手段进行商业交易的电子商务；制造商、批发商和其他行业参与企业间和企业内电子商务，以生产最终消费的商品和服务	通常以在互联网或其他电子市场上销售的"数字订购"商品和服务的批发或零售贸易保证金来测度；对于一些非保证金产出，以买家和卖家之间的中介平台费为测算依据；BEA 使用供给-使用表估算 P2P 活动增加值，如住宿和乘车费，不过对于是否应该将这些费用归属于数字经济部分仍有争议
	B2C（商对客）电子商务	利用互联网或其他电子手段进行企业向消费者或零售电子商务销售商品和服务的电子商务	
	P2P（对等网络）电子商务	又称"共享"经济，涉及通过数字应用促进的消费者之间的商品和服务交换，如共享单车、住宿租赁、快递服务、外卖、消费品租赁、洗衣服务和清洁服务等	

续表 3-3

类型	分类	主要内容	测算方法
数字化基础设施（数字促成因素）	计算机硬件	构成计算机系统的物理元件，如监视器、硬盘驱动器、半导体、无线通信产品、音视频设备产品等	BEA 在数字经济估算的基础设施部分中包含了大部分的数字经济硬件、软件、支持服务以及通信商品和服务，而测算中没有包括数字建筑和物联网基础设施，因而很难确定这些类别在数字和非数字部分的正确分配；BEA 也未估算数字经济中数字和非数字混合部分的商品和服务类别，仅仅是核算了纯数字化的商品和服务类别，而将部分数字类别的产出分成数字和非数字部分，这种做法还没有足够的数据支撑
	计算机软件	个人计算机和商业服务器等设备使用的程序和其他操作信息，包括商业软件和公司内部开发的自用软件等	
	电信设备和服务	通过电缆、电报、电话、广播或卫星进行远距离数字传输信息所需的设备和服务等	
	建筑物	数字经济生产者创造数字经济商品或提供数字经济服务的建筑物，还包括为数字产品提供支持服务的建筑物，如数据中心、半导体制造厂、光缆、交换机、中继器等	
	计算机硬件	构成计算机系统的制造物理元件，包括监视器、硬盘驱动器、半导体、无线通信产品以及音频和视频设备产品等	
	支持服务	数字基础设施功能所需的服务，如数字咨询服务和计算机维修服务	

我国对数字经济统计和指标体系的研究与欧美国家相比较晚，不过近几年来这方面受到了各界的广泛关注，有相当多的探索性研究得到了开展。我们认为，最具有代表性的是中国信通院在《中

国数字经济发展白皮书（2017年）》中提出的数字经济增加值的测算体系，该测算体系将数字经济分为数字产业化和产业数字化两个部分予以分别测算，然后再加总得到数字经济的总体增加值。

数字产业即信息产业，主要包括电子信息设备制造、电子信息设备销售和租赁、电子信息传输服务、计算机服务和软件业、其他信息相关服务，以及由于数字技术的广泛融合渗透而产生的新兴行业，如云计算、物联网、大数据、互联网金融等。该部分增加值的计算方法是按照国民经济统计体系中各个行业的增加值进行直接加总的。

产业数字化部分的增加是指对传统产业中由数字技术带来的边际贡献进行测算，把各个传统行业的此部分加总得到传统产业中的数字经济总量。测算方法采用增长核算账户框架（KLEMS），对各个省份的ICT资本存量、非ICT资本存量、劳动以及中间投入进行加总。测算的数据来源包括基础数据（来源于国家、省统计部门的投入产出表、行业产出或收入、价格指数、人口数据、省市、行业增加值等）、测算数据（包括国家及各省最新投入产出表均按照国家统计局公布的相应技术进行调整）、异常值等。目前，该测算体系可以核算到省份层级，同时也尝试对部分城市进行测算。该测算体系目前在国内得到了广泛认可，在国际上具有一定影响力。

综合来看，数字经济核算方法尚未有一致标准。美国数字经济总量的测算除了数字化基础设施外，还有电子商务和数字媒体，BEA忽略了数字信息技术在其他诸多产业中的应用，可能造成对总量的低估。而我国的数字经济数据可能高估了数字经济占GDP的比重。造成差异的原因不仅在于测算方法的不同，也在于对数字经济概念的定义和核算范围的差异，同时，对数字经济总量测算的偏差也会导致地区生产总值的准确性受到影响。

但与国际组织或欧美国家相比，我国数字经济测算的发展相对滞后，比如OECD、BEA在对数字经济的定义、测算理论、核算范围、基本步骤等方面已经有了较长时间的探索和积累，建立了相对客观、较为全面的数字经济指标体系，数据的可获得性也逐步系统化。虽然我国各界对数字经济的规模和结构已进行诸多探讨，但主要是部分机构基于已有统测框架内的统计数据进行的推算，国家统计部门尚未公布权威数据，对数字经济的统测的理论框架还不够完善，不同机构和理论界对数字经济分类、部门划分、产品和服务价格测算都还未统一、不精确，结果差异大、可比性弱。如对2016年美国数字经济规模占GDP的比重的测算，美国商务部经济分析局、波士顿咨询、埃森哲、中国信通院的结果分别为6.5%、5.4%、33.0%、58.3%；对2016年中国数字经济规模占GDP比重的测算，波士顿咨询、埃森哲、中国信通院的结果分别为6.9%、10.5%、30.3%。可以看出，以上测算结果几乎不具备可比性。

（二）数字经济综合性指标评价体系

直接统计测算数字经济的规模和增加值显然存在诸多难题和挑战，而且难以在短期内实现突破和达成一致，为了掌握数字经济的发展状况和特点，多国机构组织和部门纷纷建立更加综合性、多维度、多指标的指标体系，以指数形式反映数字经济的发展趋势、相对发展状况。但各类指标体系也因机构性质、研究目的、数据可获得性等因素而各具特点，除了上述已经介绍的OECD、BEA的测算指标体系，我国也对数字经济构成中的不同部分开展了探索性统计，包括加快制定与数字经济相关的统计制度方法，推进"新产业新业态新商业"经济增加值统计核算以及数字经济相关统计测算的完善。[①] 以下主要是对国内部分具有代表性的指标体系予以简要介绍。

第一，中国赛迪智库于2019年发布了中国数字经济发展指数，该指数由基础指标、产业指标、融合指标、环境指标4个一级指标、10个二级指标、38个三级指标组成（见表3-4），用来对全国31个省、自治区、直辖市（不包括港、澳、台地区）的数字经

---

① 参见马骏、司晓、袁东明《数字化转型与制度变革》，中国发展出版社2020年版，第158～180页。

济发展水平进行评价。得出的结论为,全国各省区市数字经济发展指数平均值为32.0,其中11个省区市指数在平均值之上。广东省以总指数69.3居全国榜首,北京、江苏位列第二、第三名,总指数分别为56.5、56.1。

表3-4 赛迪智库数字经济指数体系①

一级指标	二级指标	三级指标
基础指标	传统数字基础设施	移动宽带普及率
		4G(第四代移动通信技术)网络用户访问互联网时的平均下载速率
		城(省)域网出口带宽
		移动宽带用户数
		固定宽带用户数
		互联网普及率
		网站数量
		域名数量
		固定宽带用户平均宽带下载速度
	新型数字基础设施	数据中心数量
		5G试点城市数量
		IPv6(互联网协议第6版)比例
产业指标	产业规模	电子信息制造业规模
		信息传输业规模
		软件和信息技术服务业规模

---

① 参见王宇霞《2019年中国数字经济发展指数发布 围绕四大维度构建指标体系》,载《互联网经济》2019年第11期,第98～105页。

续表 3-4

一级指标	二级指标	三级指标
产业指标	产业主体	ICT 领域主板上市企业数量
		互联网百强企业数量
		独角兽企业数量
融合指标	工业数字化	重点行业典型企业 ERP（企业资源计划）普及率
		重点行业典型企业 PLM（产品生命周期管理）普及率
		重点行业典型企业采购环节电子商务应用
		重点行业典型企业装备数控化率
		重点行业典型企业 MES（生产执行系统）普及率
		重点行业典型企业 WMS（仓储物流管理系统）普及率
		重点行业典型企业销售环节电子商务应用
		中小企业信息化服务平台指数
	农业数字化	农业农村信息化示范基地数量
	服务业数字化	第三方支付金融牌照和互联网保险金融牌照数量
		有电子商务交易活动企业占比
		电子商务交易额

续表 3-4

一级指标	二级指标	三级指标
环境指标	政务新媒体	政府网站数量缩减比例
		政务机构微博数量
		政务头条号
	政务网上服务	政府网站政务服务在线办理成熟度
		政府的网上政府在线服务成效度
	政务数据资源	政府数据可共享目录数
		政府数据可开放目录数
		政府数据开放平台建设情况

第二，国家信息中心大数据发展部于施洋等在《数字中国：重塑新时代全球竞争力》一书提出的"数字中国发展指标体系"[①]，包括3个一级指标、12个二级指标、37个三级指标。该体系对指标运用层次分析法予以赋权，最终对我国31个省、自治区、直辖市开展测评，是一种反映数字经济发展动态的横向比较方法。（见表3-5）

该指标体系的主要特点在于：一是能够比较科学、全面地反映数字经济的实际状况，保障评估结果的客观性，适用于对数字经济发展状况的监测；二是指标之间没有重复评估，从多个角度对影响因素进行了筛选；三是可比性较强，能对同一区域不同时期的情况进行比较，也可以对同一时期不同区域的情况进行比较；四是指标的数据来源基于当前我国统计框架，统计口径相同，在无法准确核算数字经济规模和增加值的现状下，这一方法最具有可行性、可比性。同时，该指标体系的三级指标体系中部分是通过指数形式呈现的，数据获得性、可比性以及评价结果仍可能具有一定的主观性。

---

① 于施洋、王建冬、郭鑫：《数字中国：重塑新时代全球竞争力》，社会科学文献出版社2019年版，第134～147页。

表3-5 国家信息中心大数据发展部提出的数字中国发展指标体系

一级指标	二级指标	三级指标
基础能力指标	基础设施能力	每平方千米光缆长度
		每千人移动终端用户数
		每千人互联网用户数
		固定宽带可用下载速率
	信息共享能力	目录编制丰富度
		系统级联完成度
		数据资源共享度
	数据开放能力	数据集总量
		数据开放度
		数据覆盖面
		数据持续性
	技术创新能力	应用型专利申请数量
		软件著作权申请数量
		企业平均申请专利数
		企业平均申请软件著作权数量
核心发展指标	数字经济发展度	数字经济产业指数
		数字经济融合指数
		数字经济溢出指数
		数字经济国际合作指数
	数字治理成熟度	数字化决策投入度
		"互联网+政务"服务能力
		数字治理获得感

续表 3-5

一级指标	二级指标	三级指标
核心发展指标	智慧社会发展度	智慧民生应用投入度
		智慧社会群众满意度
		数字化生活应用普及度
	数字文化繁荣度	数字文化生产指数
		数字文化消费指数
		数字文化幸福指数
	数字生态投入度	生态环保数字化建设情况
		生态监管数字化水平
保障水平指标	资金保障水平	社会融资金额
		项目平均融资金额
	人才保障水平	科研人员数量
		高校专业设置
		国际科研合作
	机制保障水平	出台政策数量
		机构设置数量

二、主要特点

1. 评价对象与行业机构性质高度相关

综合而言，各机构研究的指标体系各有侧重，在选取指标时的显著特点之一是结合评价机构的性质和功能开展相关研究，如OECD、世界经济论坛、BEA、欧盟统计局等作为国际组织、政府部门主要在全球、国家和地区层面进行宏观规模测算和新兴动态判断的机构，提供着全球性、全国性的公共产品；而麦肯锡咨询公司、联合国国际电信联盟、腾讯、财新网等行业组织往往基于行业数据优势、人们消费行为或资源配置的特点,侧重于微观领域、商业导向的综合性评价,反映阶段性的行业特点。

2. 指标选取具有周期上的局限性

任何指标体系的设计和评价都并非易事,特别是数字经济的形态仍在不断演变中,导致了指标体系的评价往往仅是结合当下情形开展的阶段性、截面性的评估,而针对长周期开展比较稳定、全面的评估还难以做到,需要对现有指标体系的有效性、全面性进行不断的调整更新。例如,对于数字科技与经济社会融合部分的评价,有些学者认为,该部分是否应被纳入统计都值得商榷。[①] 有些指标体系直接忽略了对这部分的测算,有些指标体系则只筛选出少部分行业进行评估,有些指标体系则选取人们生活生产中常用的商业信息程序类统计数据予以评估,而这部分恰好是数字科技推动生产生活升级的主要领域,是数字经济的活力所在。这种状况体现出了评估体系一定程度上的周期性局限。

3. 评价测算方法的多样性

各类指标体系的统计测算显著反映出了各机构的研究理念、研究方法、研究目的的差异性,也进一步表明了各方对于数字经济的概念、内涵等基础性议题还没有达成共识,定性研究更加普遍,定量研究则难度较大,从而在测算方法上也具有很大的差异性。如欧美机构和组织所采用的方法主要是基于 SNA 的修订,我国在核算新产业、新业态商业模式的增加值方面采用的是增加值率法、相关指标推算法等多种方法,也有机构在编制数字经济相关指数中采用多元回归法、层次分析法、德尔菲法等各类方法。(见表 3-6)

[①] 参见关会娟、许宪春、张美慧《中国数字经济产业统计分类问题研究》,载《统计研究》2020 年第 12 期,第 3~16 页。

表3-6 部分机构数字经济指标体系评估方法

机构	评估方法	出处来源
OECD	与SNA相对接的独立核算卫星账户，利用生产法测算ICT增加值	《测算数字经济：一个新视角》报告（2014年）
BEA	运用供给-使用表，利用生产法测算	《数字经济定义及测算》报告（2018年）
国际货币基金组织（IMF）	利用生产法，加总ICT增加值，并利用回归结果补充遗漏部分，测算数字部门经济附加值	《数字经济测算》报告（2018年）
波士顿咨询公司（BCG）	测算ICT部门和C2C（个人与个人之间的电子商务）消费等的e-GDP（电子网络领域的国内生产总值），利用支出法计算	《迈向2035：4亿数字经济就业的未来》报告（2017年）
世界经济论坛	编制网络准备指数（NRI），含四个方面53个指标	《全球信息技术报告2016》
联合国国际电信联盟	编制信息化发展指数（IDI），含11项指标	《衡量信息社会报告2014》
中国信通院	利用直接法测算ICT产业增加值，利用增长核算账户框架（KLEMS）测算数字经济规模	《2017中国数字经济发展报告》
国家信息中心大数据发展部	利用层次分析法构建数字中国发展指数	《数字中国：重塑新时代全球竞争力》（2019年）
腾讯研究院	利用GDP季度数据、数字经济指数，以及运用回归测算方法，测算数字经济规模	《中国"互联网+"数字经济指数（2017）》报告

表格来源：作者根据公开资料整理。

第三节 城市数字经济发展指标体系

国内外机构基于科学合理、国际可比的原则,对数字经济测度和评价方式都进行了持续的探索,取得了显著的成果,并且仍在不断努力去完善,为工业经济时代向数字经济时代的转型过渡提供了非常有意义的基础框架。鉴于准确核算数字经济规模和增加值非常困难,因而从多个角度综合评价数字经济的发展水平成为重要的研究方法之一。结合现有文献研究、国内外机构的有益探索和统计实践等重要成果,本节主要是从综合评价角度,围绕城市发展数字经济方面,尝试搭建数字经济发展指标体系,旨在开展对城市数字经济的综合评价和动态监测,从而集合相关数据资源,进行指数测算。

一、构建原则

1. 合理性兼顾科学性

目前,数字经济定义的内涵还不明确,数字新技术、新业态、新模式方兴未艾,动态演变特征强,还难以被全面、科学、准确地统计监测。但是,一些具有共性的规律和趋势是国内外各界都认同的,比如知识经济、信息技术、人力资本、数字要素、全球化、新技术、新产业、新业态、新模式等都是构成数字经济发展基础和发展动力的重要因素。这可以为实现指标体系设计的合理性奠定基础,也就是说,指标体系能够揭示数字经济演变的基本规律、基础性的支撑要素,在较大程度上反映数字经济的趋势性特点。

2. 可解构原则

指标体系的框架结构不仅可以用来衡量或评价数字经济的"量"的规模,也可以比较直观地反映出数字经济的组成结构,为进一步分析数字经济各个领域的发展状况划分出主要维度。在对具体指标的筛选上，我们应尽可能选取较有代表性的，且相互之间的差异度较大或关联性较小的细分指标，以避免交叉评价或重复评价。

3. 可比性原则

指标体系的设计应具备一般性或普遍适用性。一方面，对于同一研究对象，可以进行不同时期的比较；对于不同研究对象，可以进行同一时期的比较。另一方面，对研究对象的观察和研究方法应保持在不同阶段、不同发展状况下的稳定性、一致性，以确保研究方法可比、研究结论可比；对所涉及的具体指标，其内涵和外延应相同，不因地域或经济发展形态的变化而变化。

4. 可操作性原则

指标体系的底层指标应可以被测量，且适合运用到实践中。评价指标的数据来源应易于获取或来源一致，以便于量化计算，从而能够比较直观地看出不同对象的差异程度。同时，指标不应烦琐冗余或在划分范围上相互交叉重复，以避免重复统计；指标应尽可能简化，尽可能为最小测量单位或独立维度，从而即使删除该项指标也不会对其他指标或整体评估产生重大影响。

二、指标内容

目前的数字经济指标体系主要是在国家层面、行业层面开展核算和评价研究。我们认为，数字经济的主要空间载体或单元在城市，城市集聚了数字经济发展的各类要素，是数字经济的活力和竞争力所在，也是代表国家数字经济发展水平的基本单元，对于处于城市发展层面的评价指标，虽然已有部分学者做出了很多探索，[①]但还没有形成研究热潮，相比于以国别为研究对象的研究相对较少。我们从城市这一研究层面建立了数字经济的指标体系，其构成

---

① 参见范合君、吴婷《北京市数字化指数构建与发展趋势研究》，载《北京财贸职业学院学报》2020年第6期，第12～19页。

见表 3-7，包括 6 个一级指标、30 个二级指标。

表 3-7 数字经济发展指标体系

一级指标	序号	二级指标
数字要素	1	常住人口数量
	2	地区生产总值
	3	数据生产量
数字基础设施	4	数据中心数量
	5	数据交易中心数量
	6	5G 覆盖率
	7	移动宽带普及率
	8	固定宽带普及率
	9	人均国际互联网带宽
数字基础性产业	10	电子信息制造业规模
	11	信息产业规模
	12	软件和信息技术服务业规模
	13	ICT 领域国内外上市企业数量
	14	互联网百强企业数量
	15	全球独角兽企业数量

续表 3-7

一级指标	序号	二级指标
数字关联性经济	16	工业互联网解析节点数量
	17	企业 ERP 普及率
	18	企业 MES 普及率
	19	企业 SRM（供应商管理系统）普及率
	20	企业 PLM 普及率
	21	企业装备数控化率
	22	有电子商务交易活动企业占比
	23	两化融合（信息化和工业化的高层次的深度结合）国家级示范企业数
数字创新	24	PCT（专利合作条约）专利申请量
	25	软件著作权申请数量
	26	研究领域的研究型人才数量
	27	研发经费支出/占 GDP 比重
数字治理	28	数字安全法治环境
	29	政务数据开放程度
	30	数字民生指数

三、指标解释

1. 突出数字经济的基本构成

OECD 指出，信息技术发展的演进一般要经历基础建设、部门融合应用、社会影响扩散三个阶段。我们认为，从广义视角解构数字经济会更为完备，数字经济也要经历数字基础发展、部门融合应用、社会影响深化三个阶段。数字基础为数字经济的发展提供了必要的基础设施、交易平台与及时支持，数字融合则是其他部门借助数字基础提供的技术和设施来推动本部门生产交易的发展的形式。因而，构建指标体系应尽可能体现数字经济的主要构成，包括数字要素、数字设施、数字产业及关联性产业、技术创新和数字环境治理等内容。数字要素和数字设施是基础支撑，数字产业及技术创新创造了基础动力和活力，数字环境治理则提供了数字经济有序发展的必要保障。

2. 突出数字经济的融合发展

数字经济与经济社会的融合发展主要体现在与产业的融合发展上。目前，我们虽然还难以测算各类产业中的数字经济规模，但从可对比评价的角度去观察它，可以用指数形式评价数字化发展程度。我们选取工业互联网解析节点数量、企业 ERP 普及率、企业 MES 普及率、企业 SCM 普及率、企业 PLM 普及率、企业装备数控化率、有电子商务交易活动企业占比、两化融合国家级示范企业数等指标来反映数字经济与工业、服务业的融合程度，以及工业服务业中的数字化竞争力状况。

3. 突出与现有统计体系的对接

鉴于当前还没有统一的指标体系和统计方法，且数字经济主要仍是在工业经济形态下发展，与工业时代的融合仍是主要特征，我们认为，指标体系与现有统计方法相对接依然十分重要。在指标构建中，常住人口数量、地区生产总值、移动宽带普及率、电子信息制造业规模、信息产业规模、软件和信息技术服务业规模、PCT 专利申请量、研发经费支出／占 GDP 比重等多项指标仍采用统计部门运用直接统计方法获得的路径。

4. 突出各类主体的共同参与

评价类指标体系设计不仅能够反映数字经济的发展水平，也能够通过指标反映出数字经济的主要构成，以及其发展水平或竞争力形成的背后原因，进而为后续的决策和施策重点找准抓手、提供依据，因而参与主体也很重要。在我们的指标构建中，常住人口数量、研究领域的研究型人才数量反映了人才主体的作用，互联网百强企业数量、全球独角兽企业数量、企业 ERP 普及率、企业 MES

普及率、企业 SCM 普及率、企业 PLM 普及率、企业装备数控化率、有电子商务交易活动企业的占比、两化融合国家级示范企业数反映了企业主体的重要作用，而数字安全法治环境、政务数据开放程度、数字民生指数则反映了政府部门的功能。

5. 突出地域之间的对比功能

评价类指标体系设计的重要目的在于纵向可比较、横向可参照，也就是说，通过指标体系的综合评价，能够发现一个地域与以往不同阶段的比较差异；也可以在同一时间阶段，比较不同地域之间的差异。指标体系中的常住人口数量、地区生产总值、数据中心数量、5G 覆盖率、人均国际互联网带宽、ICT 领域国内外上市企业数量、互联网百强企业数量、全球独角兽企业数量、研发经费支出/占 GDP 比重等指标都具有比较明显的地域性。

四、指标测算

关于数字经济规模的测算方法极为复杂，一方面，确定数字经济范围特别是确定所包含的产业、行业对测算极为重要，但目前国内仍没有统一的界定，各类研究机构往往是估算或以指数加权法计算指数代替数值规模；另一方面，统计测算需要大量的基础数据作为支撑，特别是对新兴行业的统计，以往的样本分析法已经不适应新经济的快速发展现状，从各类文献和报告研究过程来看，它们大都需要长期的数据统计和团队化开展的调查研究，这在短期内往往是难以完成的。

理论上，笔者本应给出数字指标体系的相关测算方法，特别是用于测算城市数字经济发展状况的方法，而鉴于数值测算的复杂性，以及本书的主要目的在于探讨数字经济的影响，以及城市应如何开展数字化转型等应用性问题，故本章主要是对指标测算进行概括并提出综合性的指标体系评估框架，以将其作为城市数字化转型的主要方向和参考维度。在今后的进一步研究中，笔者及所在团队将继续对此进行探索研究。

第四章　数字经济与城市数字化转型的关系

数字经济、数字技术正在以不可逆转的趋势改变着人类社会，发展数字经济、推动经济社会转型升级成了各国进一步发展的重要举措，也深刻融入了城市经济社会的各个领域。城市正面临着全方位、全系统的数字化转型，生产生活方式和治理体系亟待重构，数字经济也必将成为城市塑造未来竞争力的关键举措。

第一节　城市转型与数字化转型的基本内涵

一、城市转型的基本内涵

"转型"一词在语义上是指事物的结构形态、运转模型和人们观念的根本性转变过程，不同转型主体的状态及其与客观环境的适应程度，决定了转型内容和方向的多样性。转型是主动求新求变的过程，是一个创新的过程。早期，这一词语在学科中往往用于生物学、数学等范畴，后来被逐渐延伸至社会学和经济学领域。从经济发展史角度看，"转型"并不是社会主义社会特有的现象，任何一个国家或经济体在发展过程中，在生产关系与生产力不相适应的阶段，都会面临体制完善、结构调整、制度变迁等发展转型的问题。早期的城市转型研究大多从经济转型的角度出发，探讨在经济体制转型即计划经济向市场经济转轨背景下的城市发展问题。在这种情况下，城市转型通常被理解为经济体制转型，强调城市发展的制度和机制变化。这种理解根植于20世纪90年代以来计划经济国家所经历的体制转型实践，大部分中国学者与美国新制度经济学家所谈到的城市转型多指此意。当前，中国正处于加速推进工业化和城镇化的历史进程中，越来越多的事实表明，以往传统的粗放型的城市发展模式正面临着前所未有的巨大挑战，城市发展已进入必须转型和加快转型的关键时期。热若尔·罗兰（Gerard Roland）认为，转型即一种大规模的制度变迁或体制模式的转换过程。[①] 魏后凯认为，城市发展转型主要是一种发展方式、发展模式的转变，是一种多元化的综合转型。[②] 单菁菁认为，我国城市发展转型应该是发展理念、产业结构、增长方式、发展动力、体制机制五大转型的有机统一，是一种综合性的、全方位的转型。[③] 在当前的理论界，人们对于城市转型的内涵显然已经达成了共识，对城市转型的理解不再局限于时代：不再仅仅是指以往狭义层面的经济转型或计划经济向市场经济的转型，而是指城市经济、社会、文化、政治、治理等多个领域的发展模式、发展路径、发展方向、动力机制等多层次的量变到质变的革新；或者城市仅是经济社会运行的载体，经济社会各方面的秩序和规则的改变，带动了城市各领域的转型。也就是说，城市可能是主动转型也可能是被动转型，这取决于引发转型的关键动力和机制的起源情况。（见表 4-1）

---

① 参见［比］热若尔·罗兰《转型与经济学》，张帆、潘佐红译，北京大学出版社 2002 年版，第 50~75 页。
② 参见魏后凯《论中国城市转型战略》，载《城市与区域规划研究》2017 年第 2 期，第 45~63 页。
③ 参见单菁菁《城市发展转型的缘起、内涵与态势》，载《城市观察》2010 年第 3 期，第 33~43 页。

表4-1 国内外学者对城市转型的定义①

学者	定 义
库克（Cook）等	其认为城市转型就是生产方式的调整与发展模式的变化。城市转型是一个复合系统、一个有机体，一方面可以将其理解为经济体制的转变过程，另一方面也可以将其理解为生产方式的转变过程，转型问题涉及经济、政治、法律、社会、文化等诸多领域
朱铁臻	其认为城市转型主要是经济结构调整与经济增长方式转变，转变方向是寻求新的经济增长点以及多元化的发展模式
易华、诸大建等	也有学者将城市转型理解为经济形态的转变，通常指经济发展模式或发展战略的变化，这种变化分为两种情况：一是从较低层次的经济发展模式向较高层次的经济发展模式的转变，二是由粗放型向集约型与生态城市的转变
李彦军等	其认为城市转型是多领域、多方面、多层次、多视角的综合转型。近年来，随着全球化的快速推进、新技术的广泛应用以及资源与环境压力的日益加大，世界范围内出现了新一轮的城市转型热潮。越来越多的学者开始赋予城市转型以更多的内涵，认为城市转型是伴随城市发展而不断演化发展的，在经过一定时期的发展之后，城市发展就会面临从产业结构到城市建设、社会文化等方面的全面转型需要
侯百镇、李彦军等	其认为城市转型就是城市发展进程及发展方向的重大变化，是城市发展道路与发展模式的大变革
郑国、秦波	其认为城市转型就是城市发展阶段与发展模式的重大结构性转变
叶裕民	其认为城市转型是一种综合意义上的转型，制度转型、发展转型与增长转型同时展开，并以主导产业的演进与更替为主线而呈现出明显的阶段性特征

① 参见李彦军、叶裕民《城市发展转型问题研究综述》，载《城市问题》2012年第5期，第97～101页。

续表 4 – 1

学者	定　义
魏后凯	其认为城市转型是指城市在各个领域、各个方面所发生的重大变化与转折，是一种多领域、多方面、多层次、多视角的综合转型

二、城市转型的主要动因

城市转型不是自发的，必然需要一系列的外在与内在条件，要研究城市转型就必须研究转型的动因。学者们对此也从不同侧面开展了相关研究，大部分学者都认为城市转型是系统性的、多因素的。如魏后凯认为，城市转型的动力因素包括城市发展理念的变化、城市发展阶段、资源环境的约束、技术进步以及居民消费需求变化等几个方面。李彦军认为，城市转型内涵应包括经济转型与社会转型，要实现我国城市的转型，就需要产业转型、中产阶层崛起与制度创新三大支撑体系，以产业转型支撑经济转型，以中产阶层的崛起支撑社会转型，以制度创新为经济社会转型提供保障，通过经济与社会两大系统的转型来实现城市的完全转型。也有学者从单一因素视角研究了城市转型的动因或者某种因素对城市转型的影响。这些单一因素不一定是决定性因素，但往往起到重要的推动作用。如有学者认为，"城市转型"是由"经济转型"推动的；[1] 有学者认为，城市转型的本质在于创新，城市转型的过程实质上就是城市创新的过程，创新是城市进步的推动力，城市文明的发展史就是一部无止境的创新史；[2] 有学者研究了主导产业不停更替对城市转型的促进作用，认为产业结构的周期性升级和新一轮增长促进了

---

[1] 参见魏立华、卢鸣、闫小培《社会经济转型期中国"转型城市"的含义、界定及其研究架构》，载《现代城市研究》2006 年第 9 期，第 36 ～ 44 页。

[2] 参见朱铁臻《城市转型与创新》，载《城市》2006 年第 6 期，第 3 ～ 5 页。

城市转型的发生；有学者认为城市单位（如社区）是改革开放前30年我国城市空间转型的关键；① 也有学者研究了全球化对城市转型的重要影响。②

本书认为，城市产生与发展的基本动力是生产力和社会分工的发展，城市内涵或者城市构成的转型代表了城市转型的具体内容，因而影响生产力和社会分工的因素可能是引起城市转型的关键性因素。经济基础决定了上层建筑，在所有因素当中，经济领域的转型又发挥了更为重要的基础性作用。比如，人类历史上三次大规模的城市大转型，第一次发生在奴隶社会末期，小农经济的快速发展以及奴隶对小农经济的追求是其推动力量；第二次转型开始于18世纪中期，工业革命开始兴起，直接促进了现代城市的出现，许多大型城市、城市群开始崛起；第三次转型大约开始于20世纪70年代，知识经济蓬勃发展，城市的增长动力和发展路径逐渐转型。我们可以认为，在这三次转型过程中，经济发展和技术进步推动了生产力水平的快速提高，而生产关系、社会分工更加复杂、更加专业，推动了城市发展方向和发展模式的转变，进而使城市发展的动力得以转变。

在更加一般性的分析中，人类从事生产的能力受到多方面因素的影响，包括劳动者的与生产相关的知识和技能的增长、生产工具的发明和改进、劳动对象的拓展、社会分工和协作的发展、科学技术的发展及在生产中的应用、生产规模的扩大、生产全球化等，这推动了城市经济社会生产重心的转移（如从原始的以渔猎采集为主的阶段，转变到以农业和畜牧业为主的阶段，再转移到工业时代，再转移到后工业时代等）。城市生产领域的不断扩展，城市全要素生产率和产品服务质量的不断提高，城市新产品、新服务的不

---

① 参见柴彦威、张纯《地理学视角下的城市单位：解读中国城市转型的钥匙》，载《国际城市规划》2009年第5期，第2～6页。
② Logan J. R. *The New Chinese City: Globalization and Market Reform*. Blackwell Publishers, 2002: XV-XVI.

断出现和旧产品的淘汰等,最终引起了城市的发展转型。同时,不容忽视的是,政府组织的出现对城市的发展起到了重要的作用甚至是决定性作用,比如,封建时期许多城市因为国防、战争、通关而设立,统治阶级在城市建设、兴起过程中投入大量资源,主导了城市的发展。在现代城市发展中,全球范围内的无政府主义在弱化,政府的主导性或引导性作用在加强,公共政策的主动实施显著改变了城市的主导功能和在城市体系中的分工及地位,如在纽约、伦敦、新加坡、圣何塞、上海、深圳等全球范围内的科技中心城市、金融中心城市、交通枢纽城市的形成过程中,政府政策显然发挥了主导型作用。为此,围绕城市功能的构成,综合理论界相关研究结果,笔者对城市转型的影响因素及传导机制进行了简要的分类和概括。(见图4-1)

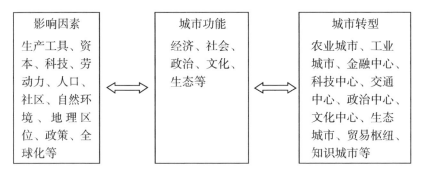

图4-1 城市转型的影响因素及传导机制示意

三、技术进步对城市转型的影响

创新是经济发展的核心动力之一,而技术进步是创新的关键。科学与技术引发了工业革命,每一次工业革命的发生和扩散都是从市场中开始的,同时将一种更具有适应性优势的生产组织方式扩散开来。① 创新必然会引发城市能级、地域分工体系的地位和功能的改变，这一过程主要是由技术进步推动的。技术进步通过改变城市的具体构成（如经济结构、社会结构、文化结构、人口结构等）来推动城市的转型发展。在经济领域，技术创新有效提高了劳动生产率和全要素生产率，节约了劳动成本和交易成本，改变了市场主体特别是企业的生产方式和生产效率，有效促进了社会化大生产。例如，在农牧业经济时代，生产力水平低下，城市发展非常缓慢，重要的城市均为具有政治统治作用的都城、州府等。18 世纪后，工业化进程促进了生产力水平的提高，从而加快了城市的发展。有学者认为，全要素生产率与技术进步密切相关，数字经济高度依赖当代信息技术，同时也促进了全要素生产率的增长。G20 国家中，长期保持较快增速的是中国（见表 4-2），我国改革开放以来的高速发展和数字经济推进的趋势高度契合。② 在社会领域，技术进步推动了社会和组织变革，促使人类认识到行为可能性的边界，引致了社会制度变迁。也就是说，技术进步改变了城市特有的生产生活方式和具体功能内容，使其成为具有自组织能力和成长能力的经济社会有机体。而随着生产力水平的不断提高，城市也将不断成长进化，主要表现为城市功能的不断更新迭代，城市转型的历程实际上也是城市各方面功能转型升级的过程。③ 当前，技术进步又到了新一轮的历史周期，数字经济将推动建立在稀缺性和人类欲望无限性（自私性）基础上的经济理论基础发生根本性变化，新的经济组织将不断出现，城市之间的中心-外围分工方式将改变，转变为更加开放、共享，以及具有网络化、多中心、多节点特征的城市分工体系。

---

① 参见张鹏《数字经济的本质及其发展逻辑》，载《经济学家》2019 年第 2 期，第 25～33 页。

② 参见龚晓莺、王海飞《当代数字经济的发展及其效应研究》，载《电子政务》2019 年第 8 期，第 51～62 页。

③ 参见石正方、李培祥《城市功能转型的结构优化分析》，载《生产力研究》2002 年第 2 期，第 90～93 页。

表 4-2 G20 部分国家全要素生产率

(单位:%)

国别	2006—2010年均值	2011—2015年均值	2013 年	2014 年	2015 年	2016 年
中国	3.8	2.5	2.6	2.5	2.4	2.4
美国	0	0.1	0.1	0.2	0.1	-0.3
日本	-0.5	0.3	0.3	-0.6	0.2	0
德国	-0.2	0.5	0.5	0.7	0.6	0.9
英国	-0.7	0.1	0.1	0.5	0.3	0.4
法国	-0.7	-0.2	-0.2	-0.1	0	0.1
意大利	-1.1	-0.3	-0.3	0.1	0.2	-0.2

数据来源：世界经济年鉴编辑委员会，《世界经济年鉴2017》。

四、城市数字化转型的基本内涵

随着数字化技术的进步和发展，城市治理传统模式越来越不适应时代需求，在城市进入全面数字化转型的新的历史阶段，城市的精细化治理和运营更加重要于城市建设。我们认为，城市数字化转型是指以数字为关键要素，在管理、制度等软性基础设施的支撑下，运用数字技术推动城市经济社会发展全域运作模式的改变，这是一种全方位的城市转型升级。

数字是数字经济和城市数字化转型的关键要素，必须推动政府、公民和市场主体的数据采集、整理、流通、共享、应用、保护各环节的畅通运行，形成全域的城市数字化转型环境，在更多领域、更深层次满足城市生产生活需求。①

城市数字化转型的主体或对象主要包括数字政府、数字公民、数字经济、数字治理。鉴于数字技术的创新性特点以及城市各类主体的功能，从数字技术发展成数字经济或数字治理手段必然需要相关主体的主动推动。我们认为，数字政府是城市数字化转型的引领者，提升公民数字素养、发展数字经济、开拓数字治理是数字转型的对象，也是目标。区别于传统城市运营模式，城市数字化转型的主体将更加丰富，特别是数字化企业将深度参与其中，数字化企业将不断打破边界，以数字、数字技术为纽带，引入新的经营理念、技术、方法手段，以跨界融合的路径，协同治理的方式，连接政府、公民和市场，创造出新的产品、服务和模式，形成城市数字化生态。

第二节　数字经济对城市转型的影响

城市数字化转型是城市演变的必然趋势，数字经济、数字技术正在以不可逆转的趋势改变着城市生产生活方式和传统治理模式，城市运行系统、资源布局和配置方式都将深度融入数字化因素，数字经济也必将是全球城市塑造竞争力优势的焦点。我们要把握好这一历史发展机遇，不断促进城市治理现代化与精准化，更有针对性地"扎紧篱笆打好桩"，探索出一条新的超大城市治理之路。

一、数字经济成为城市转向高质量发展的重要动力

我国正处于由中高速增长模式转向高质量发展模式的阶段，数

---

① 参见腾讯研究院、IDC（国际数据公司）《未来经济数实共生的十大趋势》，载《软件和集成电路》2021年第3期，第74～94页。

字经济以其高成长性，成为新旧动能转换的重要推动力量，具有颠覆性创新不断涌现、网络效应、"蒲公英效应"与生态竞争等新特征。① 数字经济已经成为全球竞争的焦点，也是我国重大战略部署，实现高质量发展的驱动力量。城市的发展也正从以投资拉动转向以创新驱动的高质量发展模式，显著推动了中国区域创新效率水平，可以成为新时代下国家提升区域创新效率的新动能。② 数字经济通过影响市场规模、知识溢出和要素组合等提高了城市的创业活跃度，对城市高质量发展存在边际效应递增的非线性溢出效应，同时还存在空间溢出效应，即东部地区中心城市数字经济发展较早，能够带动周边地区的发展，有助于形成地区之间协同发展的格局。③

二、数字资源重塑全球城市体系新格局

在城市发展的进程中，土地、资本、劳动力等要素资源在不同时期都曾是至关重要的战略要素资源，并决定了城市在全球资源配置中的地位。随着新一轮科技革命和产业变革的产生，数字革命、智能变革正在引发关键生产要素发生新变化，信息、数据、算法、算力等创新和智能资源将改变城市的比较优势和竞争优势，推动城市生产方式和治理体系发生深刻变革。在此背景下，全球城市体系将进入破旧立新再平衡发展的新时期，传统全球城市概念将被颠覆，全球城市的内涵和特征都将发生重要变化。全球城市从商品全球化转向信息全球化阶段，新型全球城市必须同时拥有金融和信息

---

① 参见李晓华《数字经济新特征与数字经济新动能的形成机制》，载《改革》2019 年第 11 期，第 40～51 页。

② 参见韩先锋、宋文飞、李勃昕《互联网能成为中国区域创新效率提升的新动能吗》，载《中国工业经济》2019 年第 7 期，第 119～136 页。

③ 参见赵涛、张智、梁上坤《数字经济、创业活跃度与高质量发展——来自中国城市的经验证据》，载《管理世界》2020 年第 10 期，第 65～76 页。

科技功能，资本和信息成为城市的关键要素。① 数字经济通过高效的信息传递压缩了时空距离，降低了城市之间联系的综合成本，因而传统交通枢纽型城市、贸易枢纽型城市的优势地位可能会被削弱，信息枢纽城市、数字枢纽城市、科技枢纽城市、知识枢纽城市等新兴城市可能会加速涌现并在全球城市竞争中占据有利位置。城市之间更加突出基于信息基础设施（如5G设施）促进数据、资本要素流通的软联系，而弱化基于交通（如公路、铁路、航空等）联系的硬联通。新一轮城市竞赛已经开启，对任何一座城市而言，都必然要抓住数字经济加快发展的时代机遇，以塑造城市未来发展的新着力点和新优势。

三、智能经济将成为城市发展的新角力场

从历史经验来看，任何一轮技术革命大致都可以分为两个阶段。第一阶段是新基础设施的"安装期"，第二阶段则是新技术潜力得以充分发挥的"发展期"或"黄金期"。继第三次技术革命之后，以人工智能为驱动的第四次技术革命，正在引领人类社会进入数据驱动、智慧共享的发展轨道。作为第四次技术革命最关键的基础设施——云计算、5G、边缘计算、物联网等正在全球范围内加快布局建设，并成为新经济的重要增长点。华为《全球联接指数（GCI）2017》报告显示，信息和通信技术基础设施投资所带来的经济倍增效应日益明显，2025年，每增加1美元的投资将拉动5美元的GDP增长。随着这些基础设施的建设日益完善和走向创新应用，智能经济时代将加速到来，智能产业和智能化将成为国际竞争的新焦点。中国信通院《5G产业经济贡献》报告显示，预计在2020—2025年，我国5G商用直接带动的经济总产出将达到约10.6万亿元，间接拉动的经济总产出将达到约24.8万亿元，5G产业将

---

① 参见倪鹏飞《新型全球城市假说：理论内涵与特征事实》，载《城市与环境研究》2020年第4期，第28～42页。

直接创造超过 300 万个就业岗位。显然，在智能技术发展进入全面渗透、跨界融合、加速创新、引领发展新阶段的关键期，哪一个城市能在发展智能经济上占据制高点，它就能掌握先机、赢得优势、赢得未来。

四、新组织系统将改变城市资源配置方式

在智能技术群落的聚变与赋能下，组织规模的"小微化"、组织结构的"云端化"、组织运行的"液态化"、组织边界的"开放化"、人机协同的"常态化"将推动形成社会化大协作的协同网络。在协同网络系统中，通过平台类企业的数据聚合效应获取平台参与方的往来数据和链条数据，再加上高频泛在的在线社交，以及渐趋完善的信用评价体系，可为大量未能得到完全有效配置的资源提供低成本的共享平台和渠道，创造出新的供给和需求，促使要素资源优化配合。可以预见，在新的要素资源组织体系中，平台型企业正逐渐走向中心大舞台，发挥着要素资源链接者、组织者、配置者、调控者的重要角色。事实上，2018 年全球市值排名前 10 的上市企业中，平台企业市值比重已由 2008 年的 8.2% 上升到 77%，规模达到 4.08 万亿美元。显然，对于任何城市而言，提升自身在智能时代对要素资源的组织能力和配置效率，建立以技术为基础、以平台为驱动的协同网络生态组织平台系统都至关重要。

五、新生产方式将重塑城市空间格局

以知识化、信息化、网络化、数字化、智能化为特征的新技术和新经济正在加速改变城市的生产、组织方式，经济增长将越来越取决于创新企业家和科学技术人才。产业链、价值链融合了基础设施、技术标准、成果转化、跨界融合、智能应用、网络协同等多个环节，重塑了城市空间格局。传统集中式、集群化空间生产模式趋向于分散式、扁平化分工布局，即由单中心、紧凑型城市结构向多

中心、网络型城市空间结构转化，形成网络城市、大都市区、大都市带等新空间形态。信息空间、虚拟空间、流动空间将推动城市空间向智能化、复合化、复杂化方向演进，城市的经济空间结构、人口空间结构、就业空间结构、交通网络结构、社会空间结构等正逐渐突破固有的行政边界，走向全球或部分区域，与全球或部分区域的空间交互性大大提升。总体而言，城市空间作为"刚性组织"的特征正在弱化，作为"液态组织"的特征正在强化。

六、数字社会将改变城市治理模式

我国常住人口城镇化率已从1978年的17.9%跃升至2019年的60.6%，人口向超大城市、特大城市集聚，城市承载能力面临着巨大挑战，治理能力更是面临着巨大考验，促进城市治理能力和治理体系现代化已成为迫切需求，数字经济为城市治理模式的改变提供了赋能之路。在经历了农业社会、工业社会、商业社会、网络社会之后，人类将进入数字社会和智能社会，产品、个体、组织、产业、世界都将完成微粒化结构和智能化重组。社会治理由封闭式管理向开放式治理转变，并由单向管理向协同治理转变。互联网、物联网的普及将推动社会组织去中心化，向集体协作、共享合作的方向发展，雇佣关系变为基于信息分享的自由发展模式，兼职就业可能成为新的就业模式。数字化服务成为公共服务的主要方式，城市服务正向着智能、便捷、高效的方向发展。数字经济有助于促进区域之间公共服务的均等化，在线教育、远程医疗等新模式、新业态加快发展，高质量的公共服务资源可以更高效地实现共享。[①] 数字工具和智能工具将成为城市治理的新工具，数字孪生城市将极大地提升城市治理效率，城市自我思考能力和自我修正能力将不断增强。城市治理的主体将更加多元化，因而，数字时代应构建多元主

---

① 参见李国正、迟远英、艾小青《数字经济赋能城市治理》，载《学习时报》2020年9月18日，第3版。

体间的协调机制,构建公开与信息共享机制,构建法律和规则体系协同机制。① 城市数字化转型机制如表4-3所示。

表4-3 城市数字化转型机制

重点转型领域	转型维度	转型路径	转型取向
城市经济发展	增长要素	数字成为新的要素	释放数据价值
	动力结构	转向数字基础性产业、促进数字经济与传统产业融合	发展人工智能、大数据、区块链、云计算、网络安全等新兴产业
	企业经营	研发、生产、营销全流程和模式再造	数字化转型
城市公共服务	交通方式	智能化、场景化交通	无人驾驶、智能驾驶
	教育方式	线下教育与线上教育相结合	数字教育
	医疗方式	线下医疗与线上医疗相结合,在线问诊、远程治疗	数字医疗
	养老方式	智能辅助养老、老年友好型智能服务	养老机构数字化转型、发展智能照护设施设备、缩小"数字鸿沟"
	社区管理	智能化管理	"智能化+网格化"精准管理服务
	管网设施	智能管理	物联网

---

① 参见杜庆昊《数字经济协同治理机制探究》,载《理论探索》2019年第5期,第114~120页。

续表 4-3

重点转型领域	转型维度	转型路径	转型取向
城市人口管理	就业方式	灵活就业、共享员工	提升公民数字素养
	居住方式	家庭设施设备、用品智能化、个性化	智能楼宇
	社交方式	线上交流	虚拟社交平台
	消费方式	线下体验与线上消费相结合	电商经济、平台经济
城市治理体系	政府管理	线下治理与线上政府服务相结合	数字政府、数据开放
	决策机制	扁平化决策、大数据辅助决策	机制改革
	监管机制	现场监管与远程监管相结合	城市数字化监管平台，数字立法
城市对外联系	对外贸易	物物贸易与数字贸易相并重	数字贸易
	流通方式	人、物、资金等实体流动向数字化流通转型	数字交流、远程互动与实体流动相结合
	交互机制	"中心-外围"地域分工方式向网络化、多中心、多节点方式转变	强化城市数字中心、信息中心功能

资料来源：作者自行整理。

第五章　广州发展数字经济与城市数字化转型的基础

数字经济的各个细分领域都是新兴产业，是全球竞争的焦点领域，必须具备一定的经济社会等基础条件或优势，需要城市投入大量资源以及政策的大力和长期支持，所以并非所有城市都能够迅速发展数字经济。超大城市由于拥有强大的经济基础、人口体量基础、数据资源基础（信息基础）、创新基础、资金基础，所以具有发展数字经济和城市数字化转型的引领优势和探索条件。广州是国家中心城市、对外开放门户城市、全国枢纽城市、华南科技教育医疗中心城市、粤港澳大湾区核心城市之一、广东省省会、践行中国特色社会主义市场经济制度最早最充分最法治的城市之一，在全省乃至全国范围内，广州数字经济发展都处于第一梯队，具有较强的代表性。

第一节　广州发展数字经济的主要基础

广州发展数字经济的主要优势在于广州及粤港澳大湾区庞大的人口经济活动创造了巨量数据资源、信息软硬件设施技术领先、产业和城市数字化转型空间巨大、政策体系支持环境良好，主要短板在于工业经济发展阶段滞后、数字经济发展的动力强度不足、数字经济与经济社会发展的融合深度不足、数字经济生态圈尚不健全、数字技术应用广度不足、数字经济保障性制度不健全。未来，广州可以突破三大新业类，培育和吸引先进数字要素，构建数字生态，加速产业数字化转型，完善数字安全环境，做好迎接数字经济新时代到来的准备。

第五章　广州发展数字经济与城市数字化转型的基础

一、庞大的人口与经济基础创造了巨量数据资源

数据是数字时代的关键生产要素，拥有庞大数据资源、良好的数字孕育市场是发展数字经济的基础保障，而数据的产生源于发达的市场经济活动、庞大的人口等要素的流通。广州是超大城市，拥有庞大的人口基数和广阔的市场需求，并且已经形成了雄厚的经济基础、完备的产业体系和广阔的消费市场，是数字经济蓬勃发展的强大支撑，具备形成庞大数据资源资产的强劲优势。截至2019年年底，广州常住人口为1530.59万人（全国第六），实际管理人口超过2300万人，城镇化率达到86.46%；综合经济竞争力排名全国第五，地区生产总值超过2.3万亿元人民币（占广东全省近1/4），人均地区生产总值达到22676美元（全国第四），城镇居民人均可支配收入超过6万元人民币（全国第四），达到中等发达国家水平。2019年全年城市常住居民家庭人均消费支出超过4.5万元人民币，农村常住居民家庭人均消费支出超过2.2万元人民币。（见表5-1）社会消费品零售总额超过万亿元人民币，稳居国内主要城市第三位，人均社会消费品零售额稳居国内主要城市第一位。产业配套能力居全国前列，2019年全市实有市场主体超过230万户（约占全省1/5），是华南地区工业门类最齐全的城市，是国家先进制造业的重要基地。① 广州经济贸易活动活跃、服务业发达、网络经济国内领先，催生出了庞大的数据资源和数字经济市场。同时，周边粤港澳大湾区城市群人口超过6600万人，未来几年有望成为全球经济总量第一的湾区，能够创造出庞大的数字经济规模，不断释放潜在的数字红利。庞大的人口活动、发达的经济贸易活动都为广州发展数字经济提供了巨量的数据资源。

---

① 数据来源：广州市统计局、国家统计局网站。

表 5-1　2019 年广州部分经济与城市化指标对比

项　　目	广州市	广东省	全国
人均地区生产总值（元）	156427	94172	70892
常住人口城镇化率（%）	86.46	71.4	60.60
城镇居民人均可支配收入（元）	65052	48118	42359
农村居民人均可支配收入（元）	28868	18818	16021
市场主体数量（万户）	232.91	1253	12339.5
城市常住居民家庭人均消费支出（元）	45049	34424	28063
农村常住居民家庭人均消费支出（元）	22522	16949	13328

数据来源：广州市统计局网站、广东省统计局网站、国家统计局网站。

二、领先的信息软硬件设施奠定了数字经济发展基础

广州是国家三大通信枢纽城市之一，信息软件产业发达，为数字经济加快发展、拓展数字经济市场奠定了良好基础。一是广州在信息硬件基础设施方面国内领先。广州是我国三大国际宽带出口城市，拥有运算能力位居世界前列的超算中心"天河二号"。截至 2017 年年底，全市光纤用户有 2238 万户，光纤入户率达 98.2%，建成 4G 基站 17.32 万座、WLAN（无线局域网）热点 1.65 万个、无线 AP（无线接入点）13.1 万个，信息基础设施建设主要指标均为国内领先。二是在软件信息领域，广州是全国数字经济五大引领型城市之一、中国软件名城。2017 年，广州信息服务业增加值突破千亿元，拥有互联网企业 3000 多家，软件和信息服务业营业收入超过 3000 亿元，仅次于深圳、南京和杭州。工业软件、基础软件、平台软件等领域发展实力较强，拥有中望龙腾、巨杉软件、中兴新支点、品高软件等软件行业的知名企业。

三、丰富的创新要素和平台为数字经济发展提供了根本动力

人才是创新的关键要素,是数字经济发展的根本动力。广州是国家科技创新枢纽城市,全国人才强市、区域性金融中心、全国医疗中心,这样的基础强有力地支撑了全省经济社会高质量运行至2019年年底。全市拥有在穗院士人数51人,在校高校生、技工学校学生、职业学校学生近170万人,稳居全国前列,源自广州高校的毕业生成为全省经济社会循环发展的主力军。广州拥有国家重点实验室20家,省级重点实验室237家,市级重点实验室165家;国家级孵化器36家,国家级孵化器培育单位31家,国家级、省级大学科技园8个,经认定的高新技术企业12174家(全国第三)。广州的发明专利授权量居全国第五,输出技术成交额超过1200亿元,创新策源功能更加凸显。(见表5-2)新经济、新业态创新发展,庞大的需求市场集聚了全国及全球大部分的应用型、服务型数字企业前来开展业务,2019年,广州数字经济增加值超万亿元,综合实力稳居全国第一梯队。金融机构本外币各项存贷款余额超10万亿元,稳居全国大中城市前列,广东股权交易所、广州碳交易所、广州期货交易所、国际金融城等现代化金融服务体系不断完善或加快建设,深度服务全省实体经济运行,拥有上市公司197家,总市值约3.3万亿元。广州初步具备高水平的要素配置能力,激发了国际国内创新主体以广州为创新发展平台进行活动,为数字经济高质量发展提供了创新要素支撑。

表5-2 2019年广州部分创新指标对比

项 目	广州市	广东省	全国
R&D(研究与发展)投入(亿元)	677.7	3098.5	22143.6
占GDP比重(%)	2.87	2.88	2.23

续表 5-2

项　目	广州市	广东省	全国
高新技术企业数量（万家）	约1.2	约5	约22.5
国家重点实验室数量（家）	20	30	约700
发明专利授权量（万件）	1.2	6.1	45.3

数据来源：广州市统计局、广东省统计局、国家统计局，以及广东省科技厅、科技部网站。

四、城市运行巨系统为数字经济蓬勃发展提供了巨量的应用市场

广州超大城市各类"流"的集聚和扩散为数字经济、数字技术的孕育和加速发展提供了丰富的应用场景和巨大的应用市场，是国内外数字企业落户广州的重要因素，也是广州发展数字经济的优势所在。其一，广州具备高效的流通体系，拥有四大国际性综合交通枢纽，畅通链接全球主要区域。广州白云国际机场与全球主要城市之间可12小时内通达，2019年单体机场旅客吞吐量居全国第三，2020年旅客吞吐量全国第一；航运中心集装箱吞吐量、货物吞吐量位居全球第一梯队，全港集装箱航线总数超过200条，一半以上为国际航线；铁路枢纽覆盖全国、联通国际，是全国铁路四大客运中心之一，2019年广州南站年度客流量全国第一；2020年上半年，广州中欧班列已开辟4条中欧、中亚国际线路，服务1500多家企业。这些流通体系基本形成了陆海内外互联、东西双向互通，融合粤港澳、带动全国、辐射"一带一路"、覆盖全球的大循环流通体系。其二，广州是国际商贸中心，开放基因贯穿城市千年历史，紧接港澳、畅通"一带一路"、深度参与国际市场，是连通国内国际市场的重要节点城市。截至2020年年底，中国进出口商品交易会（以下简称"广交会"）已连续举办128届，成为全球220多个国家和地区产品和服务的汇聚交易中心，拥有服装、家

具、美妆、箱包、灯光、装备制造等上百个专业批发市场和线下生产链。"广货"流通全球,2019年广州与美国、欧盟、东盟、日本等主要经济体的年度贸易额均在千亿元以上,与"一带一路"沿线经济体的贸易量占全市贸易额 1/4 以上。① 自贸区、保税区、开发区等特殊经济平台更是成为国际市场对接中国的重要连接通道。快递年业务量连续 6 年保持全国第一位,跨境电商进出口额位列全国第二。国际友好城市覆盖 54 个国家的 74 个城市,外国驻穗总领事馆达 64 个。② 其三,国内一流、国际知名的医疗机构集聚,2019 年,全市有医院 269 家、各类卫生技术人员 16.81 万人、床位 10.02 万张,各项指标稳居全省第一。这些庞大的城市经济与公共领域基础为广州发展智慧交通、智慧医疗、智慧教育、数字贸易、跨境贸易等提供了广阔市场和应用场景。此外,智能城市本身将是一个万亿级市场,可为广州发展数字经济、输出先进技术和服务解决方案提供新兴产业机遇和巨大的市场空间。

五、多层次政策体系营造了良好的数字经济发展环境

新兴经济和产业的稳健发展离不开政策的支持和引导,数字经济在全球范围内已受到各国高度重视,我国也将其作为未来产业转型发展的基本方向,从国家至广东省都已经出台相关分行业和分领域的规划文件和政策支持措施。广州也已经在分行业领域出台相关文件,从数字经济相关行业发展、关键环节建设、人才队伍建设、金融财政支持、产权保护等多个方面予以引导和支持发展,为数字经济的发展塑造了良好的外部发展环境。(见表 5-3)此外,广州作为国家中心城市和对外开放门户城市,未来也可望率先争取到发展数字经济的相关政策支持和试点示范机会。而且,广州具备优越

---

① 数据来源:广州市商务局网站。
② 数据来源:广州市人民政府外事办公室网站。

的营商环境,对标国际最高标准、最优水平,在"开办企业""获得电力""登记财产""跨境贸易""执行合同"等指标上均位于全球前列,在"办理建筑许可"指标方面已经站在世界前沿。广州南沙自贸区5年累计形成678项制度创新成果,其中有43项在全国范围内得到复制推广,投资便利化指数位列全国自贸区第一。落户广州的世界500强企业超过320家,年新增外商直接投资项目数占全省近1/4、占全国超过8%。同时,广州具有特色鲜明的人文底蕴、现代的都市风貌、友善的新老市民、宜居的城市环境。一流的国际化市场和法治化营商环境保障了创新型企业和人才的投资兴业、安家落户。

表5-3 数字经济相关政策性文件

政府层面	相 关 文 件
国家层面	《大数据产业发展规划(2016—2020年)》《国务院关于深化"互联网+先进制造业"发展工业互联网的指导意见》《促进新一代人工智能产业发展三年行动计划(2018—2020年)》《云计算发展三年行动计划(2017—2019年)》《国家数字经济创新发展试验区实施方案》
广东省层面	《广东省数字经济发展规划(2018—2025年)》《广东省深化"互联网+先进制造业"发展工业互联网的实施方案》《广东省支持企业"上云上平台"加快发展工业互联网的若干扶持政策(2018—2020年)》《广东省促进大数据发展行动计划(2016—2020年)》《广东省新一代人工智能发展规划》

续表 5-3

政府层面	相 关 文 件
广州市层面	《关于加快新业态发展三年行动方案》《关于加快电子商务发展的实施方案》《关于促进大数据发展的实施意见》《广州市人民政府办公厅关于推进互联网金融产业发展的实施意见》《广州市加快 IAB 产业发展五年行动计划（2018—2022 年）》《广州市加快发展集成电路产业的若干措施》《关于全市电子商务与移动互联网集聚区总体规划布局的意见》《广州市加快打造数字经济创新引领型城市的若干措施》《广州人工智能与数字经济试验区建设总体方案》《广州市加快 5G 发展三年行动计划（2019—2021 年）》《广州市深化"互联网+先进制造业"发展工业互联网的行动计划》

第二节　发展环境主要趋势

一、数字经济中心城市的集聚功能更加突出

广州已经明确了大力发展数字经济的总方向、总目标，《广州人工智能与数字经济试验区建设总体方案》《广州市加快打造数字经济创新引领型城市的若干措施》等相关政策的集聚效应将持续释放。在全球激烈竞争中，新兴技术和产业抢先发展的窗口期转瞬即逝，未来一段时间必然是广州数字化改造提升旧动能、培育壮大新动能的发展关键期，广州必然会加强统筹谋划，以广州人工智能与数字经济试验区为引领，发挥超大城市市场优势，增强发展动力，深化改革，持续集聚数字创新动力、建立数字教育体系，提升数字资源的生产力，推动数字经济基础性产业和关联性产业经济建设，推动数字经济的全面繁荣发展，从而使数字中心城市的功能持续加强。

二、数字技术创新应用环境将在"干中学""学中干"中不断健全

数字经济领域产学研体系的建设实效性已得到提高。广州的教育优势可能将新增数字教育板块,以培育数字人才后续队伍。"政府+企业+高校"等产学研合作形式和机构将会逐渐出现,行业基础和共性关键技术研发、成果产业化、人才培训等工作的衔接将越来越受到重视。技术标准的统一衔接将受到实业界的高度关注。为促进数字企业与传统行业的有效对接,我们有必要开展标准化的测试机制,为人工智能、区块链、大数据、云计算等技术嫁接传统产业建立行业标准指南,同时需要相关组织协调建立数字创新活动与部门机构间、行业间合作的纽带,以促进数字转型的顺畅开展和营造数字转型的氛围。

三、城市数字化治理能力和治理体系水平将加快提升

围绕优化数字经济环境实现"新治理",对冲不稳定、不确定的世界发展环境,将是推动城市数字化转型的重点。[①] 本次全球性的新冠肺炎疫情危机对城市治理提出了重大挑战,数字化治理必将成为城市治理方式革新的重要手段和全新方式。可以预见,广州城市治理必将强化数字化思维,公共服务、经济发展、社会治理、安全保障、环境治理等方面也将普遍提高数字化水平。数字政府、智慧城市的建设将去虚向实,数字平台将成为多元参与城市治理的新通道,而数字化将成为广州国际大都市建设中城市核心竞争力的重要组成部分。

---

① 参见杜庆昊《新时代数字经济发展的主要方向》,载《开放导报》2020年第6期,第76~82页。

四、数字要素市场化配置体制机制更加成熟

国家层面已经明确提出数字是生产要素,这丰富了以土地、劳动力、资本作为生产要素的传统架构。《中共中央国务院关于构建更加完善的要素市场化配置体制机制的意见》明确提出了要加快培育数据要素市场。广州作为全国数字经济的领先城市,应当率先推动市场化配置体制机制的建设,特别是在推进政府数据开放共享、提升社会数据资源价值、加强数据资源整合和安全保护、健全数字要素市场运行机制等领域将更加健全和成熟。

第三节 广州发展数字经济的主要问题

广州作为全国数字经济发展第一梯队的成员,近年来紧紧把握新一轮技术发展趋势,持续增强数字经济发展优势;加快提升数字经济规模和质量,聚焦重点领域,推动核心技术突破;吸引培育了一大批成长性好、有发展潜力的优质企业,全力打造数字经济试验区;通过政策创新、体制创新,为数字经济发展营造良好环境,推动数字经济成为广州经济发展的重要增长极,也使数字化在促进城市治理体系和治理能力现代化方面发挥出越来越重要的作用。

一、发展阶段滞后,基本处于工业时代中期

从全球看,经过50多年的互联网时代,全球数字经济正处于加速发展阶段,全球范围内技术水平和产业发展的不平衡长期存在。从全国看,我国数字经济也正处于加速发展阶段,部分领域形成了引领优势,仍处于起步阶段的地区很少,区域之间发展水平不

平衡、不充分，各省区市所处的数字经济发展阶段总体呈现正态分布状态。从广州看，数字经济正处于从量变到质变的关键阶段，处于量变的快速集聚阶段，而数字经济与实体经济加快融合发展，正处于加快革新传统生产体系、促进动力变革、构建认识世界的新范式的新阶段。[①] 广州传统制造业仍然占有较大比重，生产方式以电气化、部分自动化等生产方式为主，制造业总体上处于全球价值链的中低端环节，技术水平和附加值相对较低，高技术制造业规模偏小。传统服务业在服务业中所占比重仍然较大，技术密集型企业和高精尖的全球领先型企业相对较少。企业家群体的转型意识、转型能力不足，许多企业家尚未能意识到数字经济在制造业产业链升级和生产方式转型革新方面的潜力。

二、数字技术基础创新能力不强，"策源地"功能尚不具备

广州数字经济基础理论与技术研究相对落后或欠缺，技术策源地功能还不具备。全球数字经济发展仍处于初级阶段，技术大爆发、广泛运用的阶段还未到来。当前，广州缺乏数字经济领域的创新型企业领军人才、从事核心技术或关键技能岗位的人员和高校毕业生，以及缺乏跨界融合型的复合型人才。顶尖人才团队主要集中在美国，而中国的相关人才和技术主要分布在北京、上海、深圳，而且大部分技术并非处于国际顶尖水平。在这一全球技术背景下，广州虽然起步并不晚，但主要是"跟随者"，最为缺乏的仍然是顶尖的科学家以及颠覆性技术，这也导致了数字产业领域缺乏革命性、颠覆性技术和产品，更多是利用现有技术对传统行业产品的改良。而且，从横向对比来看，广州数字经济领域的技术和产业落后

[①] 理论界认为，人类认识和改造世界的方法论在经历了以牛顿定律为代表的理论推理法、以爱迪生发明灯泡为代表的实验验证法后，数字技术革命正在构建认识世界的两个新的方法论：模拟择优法和大数据分析法。

于北京、上海以及全球一流水平，尤其是在人才储备、基础研究、产业链等方面存在一些差距。其缺乏在全球领先的关键技术，一些重点行业的核心技术和关键产品主要依靠进口，集成电路、无线射频芯片、传感器、嵌入式处理器等核心关键技术主要依赖国外。广州人工智能关键技术的研发仍落后于美国等发达国家以及北京、上海、深圳等城市。另外，集聚国内外创新要素的能力不足，还需要进一步完善数字创新生态圈。人才、创新平台、头部企业仍是数字生态的基本动力要素，是构建数字经济生态圈的核心。广州数字生态系统还不够完善，数字经济类企业主要集中在数字应用领域，数字平台、数字基础设施型企业仍然较少，相应企业还难以与工业时代形成的大型企业相媲美，无法在经济社会运行中发挥支柱作用和产业链的辐射带动功能；缺乏扎根本土的企业家领袖和一大批创新型企业家，新兴产业领域的"独角兽""单打冠军"类企业依然屈指可数，在全球数字企业中，还少有广州本土企业；缺乏国际国内具有重大影响力的科学基础设施、技术合作平台、前沿创新团队，难以形成有效集聚国内外人才的创新载体；5G等基础设施主要处于中心城区部分区域的示范应用阶段，还未实现全面覆盖；城市更新和旧城改造所需要搭建的云、网、端等数字化基础设施还未完善。

三、应用广度和融合深度不足，产业数字化不均衡

数字经济的蓬勃生命力体现在应用领域。目前，广州数字经济的应用方面侧重于服务业领域，且以生活类服务、消费类服务为主导，制造业领域、生产领域的数字化应用还比较少。产业数字化的行业不均衡现象明显，如2017年，广州位居中国数字产业十大细分行业城市十强的前四强，但这十大细分行业均为第三产业。数字经济在消费领域与生产领域的发展不均衡，医疗、教育和文化娱乐等生活服务业数字化应用发展较快，但创新、设计、生产制造等领

域和产业链环节的数字化投入和应用仍然不足。融合深度不足,数字经济生态圈尚未健全,根据数字经济的产业生态体系或产业关键环节,需要培育数字处理企业、数字经济基础设施企业(硬件类、软件技术类)、数字平台型企业、数字应用型企业。目前,广州在主要环节中还难以形成依靠一个或数个全球型企业带动一大批创新型中小企业的集群发展的格局。

四、支持性政策不强,监管与保障体系尚不够与时俱进

数字经济的各个细分领域都是新兴产业,谋划发展数字经济必然离不开政策的长期大力支持。广州近几年来出台了一系列政策支持措施,取得了明显效果。但受限于广州财力、权限等多方面因素,支持力度仍显不足,已有支持主要是对高端人才、大型企业、重大项目的支持,但对新基建、新应用的政策,对中小科技型企业,对专业技能人才,对共性平台,对产业集群数字化转型等方面的支持较少,而这些是系统化发展数字经济、全面推动数字转型的必备领域。另外,数字安全方面的风险已成为阻碍数字经济发展的主要障碍和威胁,特别是物联网的发展将带来前所未有的网络信息安全挑战。而受限于立法权限以及数字经济相关行业的复杂性特点,广州在监管数字技术相关的法律框架、技术手段、组织架构、能力建设以及国内相关合作等方面还有很大的提升空间。另外,对于数字平台寡头市场主体的垄断问题也应积极治理,因为由此引发的监管难题已经比较突出。传统的反垄断分析标准、执法方式及监管体系亟待完善。[1] 广州平台企业比较多,应最大限度地激励创新,有效保护消费者,在包容审慎、开放透明、灵活有序的监管条件下,完善反垄断规则。

---

[1] 参见熊鸿儒《我国数字经济发展中的平台垄断及其治理策略》,载《改革》2019年第7期,第52~61页。

第四节　广州发展数字经济的主要挑战

一、数字生态的动力要素仍需持续集聚和提升竞争力

城市数字化治理的基础条件是要具备数字生态构成要素，提升对城市日常运行状态的监测和感知能力，建设物联网城市。广州数字生态系统还不够完善，例如，数字技术特别是算力技术还不能适应多元场景的需求；数据基础设施如数据中心的服务功能还有待加强、资源利用效率还有待提升，服务大湾区及全国的数据中心枢纽功能还较弱；数字应用侧重于生活消费领域，制造业数字化程度还有待大力提升；城市治理的数字化侧重于市民公共服务的部分领域，"城市大脑"的高效运营还处于建设阶段，各领域的"数字孤岛"仍然存在。在数字生态环境的塑造方面，产业政策虽已陆续推出，但数字治理领域的法律法规还需要进一步努力完善。

二、技术创新领域的支撑体系与未来需求不相适应

第一，创新领域的技术标准体系不完全对接，可能造成潜在的创新风险。新兴技术领域技术迭代速度显著加快，国家之间、国际行业组织之间在软硬件设施领域的标准不尽相同，且前沿技术领域的技术标准往往是国际竞争的主要方面，广州目前在数字技术标准方面还少有引领者，需要联合各界加强技术标准的制定。

第二，数字人才教育培训体系不健全，可能造成数字人才供给

断层。缺乏跨界融合的数字人才是我国各地发展数字经济的普遍问题。① 广州作为拥有全国高校学生的数量位于全国前列的城市，教育比较优势突出，但针对数字经济领域的人才教育培训体系还处于起步阶段。数字经济至少必须通过学徒制、技能计划，以及科学、技术、工程和数学（STEM）教育（重点是计算机科学）来增强当前和未来几代工人的业务技能，优先考虑与人工智能相关的学徒和工作培训计划与机会，以确保产业工人具有以足够能力充分利用数字技术的机会。

第三，产学研合作的实效需要提升。一方面，表现为相关主体的能力问题，工业行业还不具备进行数字转型的条件和能力，生产方式仍以加工制造、半自动化、机械化为主，尚处于工业化中早期阶段。数字技术企业还未形成系统的、成熟的解决方案提供给制造业数字化。研发机构在人工智能、区块链、大数据等前沿领域的突破性、原创性技术还较少，广州还不是全球数字技术创新的顶尖城市。另一方面，表现为协作体系建设的问题，在数字技术领域，政府、产业界、学术界、国际合作伙伴以及行业组织的实质性合作架构还不成熟，如研发投融资体系、国际市场竞争与合作体系等还不成熟。

三、数字要素应用领域的开放性与均衡性需要提升

数据成为生产要素，必然要在流通中才能产生价值，这就需要海量数据资源的开放使用，以及创造出大量的新型应用场景，同时更加需要相应的保障机制和运行环境以保障其安全、有效率地运行。当前，全国包括广州的公共领域、市场领域的海量数字资源并未全面开放，以及还未呈现出万物互联状态的大规模使用，其重要

---

① 参见张旭亮、王际超、谢丽敏《我国数字经济与实体经济深度融合的策略研究》，载《杭州电子科技大学学报（社会科学版）》2019年第5期，第21～25页。

原因之一在于还没有形成完善的数据交易和流通机制。

第一,缺乏完善的数据开放使用机制。广州常住人口超过1500万人,具备天然的数据资源优势,政府部门掌握了大量公共领域的数据,但还没有足够能力建立数据开放和分级分类管理的机制,以及相应的安全保护机制。对符合城市经济发展、市场需求大的数据,其法规制度建设、数据产权保护制度建设还比较迟滞。同时,数据共享平台虽然在不断建设中,但加快公共领域数据资源的统一汇聚和共享开放的机制建设还不成熟,"信息孤岛"仍然存在,特别是市场主体对城市公共服务领域的海量数据的需求极为庞大,如何做好数据开放、如何建立交易机制、如何防范数据共享的潜在风险等都还在研究探讨中。

第二,"数字+"应用场景的开放机制还在探索中。数字经济的蓬勃生命力体现在应用领域,需要开放千变万化的应用场景以进行数字技术的广泛应用,从而促进数字生态体系可持续的良性循环。但产业数字化的行业不均衡现象明显,广州数字经济应用方面侧重于服务业领域,且以生活类服务、消费类服务为主导,制造业领域、生产领域的数字化应用还较少。其原因在于,在何种领域开放,开放后的市场规则、监管规则如何建设,与城市传统的运营管理机制如何兼容等方面都需要事前充分做好设计,否则极易产生风险。

四、数字要素流通的安全与监管体系需要完善

目前,数字安全领域的立法进程相对缓慢。数字安全方面的风险已成为阻碍数字经济发展的主要障碍和威胁,特别是物联网的发展将带来前所未有的网络信息安全挑战。国际电信联盟发布的《2017年全球网络安全指数》报告显示,目前全球只有38%的国家发布了网络安全战略,还有12%的国家仍处于制定相关战略的过程中,这意味着全球大多数国家仍然没有清晰的网络威胁应对策

略。根据互联网监控公司 Arbor Networks 的数据，每年网络犯罪、网络攻击对全球经济造成的损失高达 4000 亿美元，法制保护体系亟待完善。我国与监管数字技术相关的法律框架、技术手段、组织架构、能力建设以及国内相关合作机制等也还不健全，对广州发展数字经济的积极影响必然不足。这突出表现在法律制度供给滞后于数字经济时代快速产生的现实需求，在部分领域中表现出法律法规的空白或不适应之处。特别是已有的相关立法主要是在国家层面开展的，地方治理中遇到的数字领域的争端和新矛盾难以得到有效解决，例如，在个人信息保护、数字贸易、数字伦理等领域均需尽快出台专门性法律，行业部门的监管政策也需要及时出台，以回应市场主体的发展需求，明确相关主体的权责边界。我们在加强安全防控和个人信息保护的同时，也需要对人工智能、区块链、大数据、云计算等的创新发展中的新现象持包容审慎的监管原则，减少数字技术发展和应用所面临的不必要的制度监管障碍。例如，我们可出台监管例外、豁免，或者试点项目，为特定的数字技术应用创造"安全地带"，以促进稳健的创新生态系统的建设。

第五节　广州推动城市数字变革的主要取向

全球范围内数字化竞争异常激烈，创新优势一旦形成，发展水平差距便有加大的趋势，强者恒强的"马太效应"越来越明显，城市是数字竞争的主战场，广州所面临的挑战显然异常严峻。

一、城市数字化转型需要从顶层谋划推进

城市数字变革、全面数字化转型不是简单的数字基础设施和软硬件的部署，而是一场宏大、复杂、全新的系统工程，是一场深刻全面的经济社会变革，涉及生产力和生产关系、经济发展和运营治理、发展理念和文化认同等各个方面，必须通过加强顶层设计和总

第五章　广州发展数字经济与城市数字化转型的基础

体规划，对城市经济社会各个领域的变革做出统筹设计、综合研判，还需要系统性、整体性、协同性推进。近年来，围绕5G网络建设、5G产业发展、智能化改造、数字新兴产业发展、智慧城市等各个领域，广州已经明确将人工智能与数字经济试验区作为城市发展的双引擎之一，主要从区域经济增长角度打造示范区、增长极，也已经认识到发展数字经济的重大战略意义。但在全市层面，广州仍然缺乏一个城市全面数字化转型和数字变革的顶层战略设计框架和行动路线图，社会各界还未能对城市数字变革的目标愿景、发展理念、推进路径达成共识，推动城市数字变革的战略决心和信念尚待进一步激活。

二、新旧基础设施建设需要统筹协调

以5G为代表的数字基础设施建设、促进万物互联是推动城市数字化转型的基础，也是当前许多城市面临的最迫切的问题。根据美国思科公司和国际数据公司2019年联合发布的《准备应战，蓄势待发，观望等待：亚太地区全数字化转型就绪性技术展望》，缺乏适当的IT基础设施以及基础设施老化已经成为应用AI或物联网等新技术的障碍，而现有的网络尚无法满足云、移动化、物联网和新业务模式的需要。广州城市建设历史周期长，通信管道资源尚未能完全共享，许多老旧基础设施已经无法满足当前城市数字化、智能化变革的需要，亟须结合城市空间、产业和人口布局进行重新谋划。但是，由于数字基础设施建设成本大、涉及因素多，企业并不太愿意主导推进。因此，在政府财力有限的前提下，如何协同企业采取有效方法建设新基础设施、升级老旧基础设施，将对广州城市数字变革产生基础性、关键性、长期性的影响。

三、商业应用创新和关键技术创新需要协同推进

数字变革涉及底层技术、组织平台、操作系统、网络通道、智能终端和商业应用等多个具有密切关联性、配套性、互动性的环节。因此，任何一个城市要在数字化变革方面走在前列，都必须努力推动新经济生态系统中各个环节的有机衔接，以实现全局和局部相配套、商业应用创新和关键技术创新相结合、渐进和突破相促进，最终形成整体竞争力。经过多年的发展，广州已经形成以商贸业见长的服务型城市模式，通过推动互联网新技术与商贸、时尚、传媒、商业、文化、服务业相结合，在互联网应用、软件应用、社交网络、文化娱乐、电子商务等商业创新领域已经积累了一定优势。但是，相对于深圳等其他科技型城市，广州在关键技术创新和组织平台建设等领域尚有较大差距，这成了推动城市数字变革方面的薄弱环节，需要引起高度重视。

四、生产端和消费端的数字转型需要联动推进

在数字时代，社会分工协作体系正在发生重构，供给和需求的界限日益模糊，依赖数字驱动的供需一体化模式正成为生产关系的新形态。个性化、定制化、"极小前端组织+极大后端平台"的生态组织方式需要城市制度供给、资源供给与场景规划需求精准匹配。广州人口数量大、商贸市场活跃、电子商务发达，消费端的数字化转型已经取得明显成效。与此相比，由于缺乏跨界融合的复合型人才、中小企业应用数字化的能力和意愿不强等因素的影响，生产端的数字化转型仍然面临着不小挑战。相对于一些先进城市，广州的数字技术企业、数字处理企业、数字经济基础设施企业、数字平台型企业、数字应用型企业仍然比较缺乏，产业数字化的生态圈

还未完善。一些数字企业发展所需要的应用和试点场景无法得到满足,制约了数字产业化的进程。未来如何将消费端的数字化转型加速向生产端的数字化转型传递,我们仍需要深入思考。

五、城市社会需要防范数字化转型风险

数字时代城市运转模式的极大改变,产业生产方式、城市治理方式的极大改变,必然引发就业结构、法治建设、管理范式等社会治理领域的极大革新。当前,广州所管理的人口高达2300万人且仍在增加,但广州还不具备适应数字时代产业生产方式的数字思维、数字技能,城市管理的块状、碎片式管理方式还没有向城市大脑、城市系统化运营方式转变,城市的法律法规还未能适应数字时代对公民、行业发展的需求。未来应如何有效地提升市民的数字技能、提升对数字领域人才等稀缺资源的集聚能力,以及如何适应数字产业对就业人员的需求,如何促进数据系统化的集成和运用,如何实现城市全息数字化运营和治理,如何完善法律法规,如何保障市民和行业的信息安全,等等,都是城市社会数字转型中我们亟待解决的关键问题。

第六章　广州数字基础设施建设

数字基础设施是数字经济的底层架构,是支撑城市数字化转型的基本支柱,也是数字经济发展的重点领域,体现了技术创新与城市空间载体的具体融合,① 数字技术和运营技术高度融合的特征,加速了城市的数字化转型。② 全球各主要国家都加大了投入,我国更是投入巨大。当前,广州数字基础设施建设取得了一定的国内领先优势,基本处于全国大城市中的第一梯队,有效推进了数据生产要素全面融入经济社会各领域,成为城市数字化转型的先行抓手。数字基础设施范围也比较广泛,本章选取宽带网络设施、5G、工业互联网、区块链为例,反映广州数字经济基础设施的情况。

第一节　宽带网络基础设施建设评价

一、广州宽带网络基础设施建设进展

近年来,广州突出抓好光纤网络、5G 信号覆盖工程、公共区域无线局域网建设,全面推进光网城市建设,加快升级宽带无线网络,积极打造珠三角世界级宽带城市群和全国信息化先导区。2018年,广州市宽带建设发展水平在广东省的综合排名从第 21 位提升到了第 11 位,光纤接入用户占比达91.6%,同比提高了24.3 个百

---

① 参见左鹏飞、陈静《高质量发展视角下的数字经济与经济增长》,载《财经问题研究》2021 年第9 期,第 19～27 页。
② 参见赵剑波《新基建助力中国数字经济发展的机理与路径》,载《区域经济评论》2021 年第2 期,第 89～96 页。

分点。广州积极开展城中村宽带光纤化网络改造,成功推行"村社自建、电信运营企业和第三方投资建设相结合"模式。广州全市互联网国际出口带宽已经超过2000 G(占全国的58%),成为我国内地最大的互联网出口城市。根据《广州市信息基础建设三年行动方案(2018—2020年)》,到2020年年底,广州将累计新增光纤宽带接入用户138万户,光纤宽带接入用户占比达100%,100 M以上光纤接入用户占比提升至90%;新建小区贯彻新国标,20户以上自然村、城中村光纤改造实现100%覆盖,实现4G信号全覆盖、5G大规模商用,进而建成全光网城市。

二、国内先进城市宽带网络基础设施建设

第一,上海持续推进信息基础设施能级建设与应用感知水平的全面提升。根据《2018上海市智慧城市发展水平评估报告》,上海宽带城市与无线城市建设效果不断优化提升。"i-Shanghai"(上海的无线局域网络)覆盖率与带宽不断增长;固定宽带速率方面,上海平均下载速率连续多年领跑全国。移动通信方面,根据相关测评结果,上海的移动通信用户感知综合评分与数据下载速率均呈现明显上升趋势。

第二,北京在互联网普及率方面拔得头筹。根据《中国互联网发展报告2019》,北京市互联网发展指数综合排名居全国第一位。2013—2018年,北京市的互联网普及率均在75%以上。其中,2018年北京移动互联网宽带接入用户数为634.7万户,IPv4(互联网协议第4版)地址数量占全国的25%以上。

三、比较与评价

第一,从互联网宽带接入规模来看,广州与北京、上海还存在较大差距。截至2019年年底,全国主要大城市中,上海互联网宽带接入规模最高,其次为北京,广州略高于深圳。上海市2019年

千兆接入能力覆盖家庭数达到959万户，比上年年末增加59万户；光纤到户能力覆盖家庭数达959万户，比上年年末增加3万户。[①] 北京2019年年末固定互联网宽带接入用户数达到687.6万户，增长8.3%；移动互联网接入流量30.6亿G，增长68.5%。[②] 2019年，广州全市固定宽带接入用户581.7万户，其中光纤接入用户532.3万户，数量居广东全省第一；移动电话用户3162.8万户，其中4G用户2818万户。深圳2019年年末固定互联网宽带接入用户533.10万户，移动互联网用户2517.50万户。

第二，与国内外相关城市相比，广州宽带网络连接速度仍存在一定差距。根据宽带发展联盟发布的2019年第二季度《中国宽带速率状况报告》，广州宽带忙闲时加权平均可用下载速率为35.01 Mbit/s，在全国各省、直辖市和省会城市当中仅位居第19位，且低于全国的35.46 Mbit/s以及东部地区的36.23 Mbit/s，只略高于广东省的34.74 Mbit/s。（见表6-1）而根据美国权威机构M-Lab发布的《2018年全球宽带网速排名榜》，在对200多个国家和地区的从2017年6月到2018年5月29日这12个月时间内网速数据的测试和统计基础上，全球宽带速度排在第一位的新加坡的平均下载速度达到了60.39 Mbit/s。显然，与新加坡等全球先进城市相比，广州的宽带网络基础设施建设还存在较大差距。

表6-1 2019年各直辖市与省会城市忙闲时加权平均可用下载速率

排名	城市	下载速率（Mbit/s）
1	上海	39.10
2	北京	37.63
3	南京	37.41
4	杭州	37.18

① 数据来源：2019年上海市国民经济和社会发展统计公报。
② 数据来源：2019年北京市国民经济和社会发展统计公报。

续表6-1

排名	城市	下载速率（Mbit/s）
5	武汉	37.10
6	天津	36.95
7	福州	36.86
8	海口	36.68
9	郑州	36.55
10	成都	36.35
11	重庆	35.90
12	济南	35.84
13	南昌	35.83
14	沈阳	35.74
15	西安	35.43
16	长沙	35.37
17	石家庄	35.34
18	合肥	35.21
19	广州	35.01

资料来源：宽带发展联盟，2019年第二季度《中国宽带速率状况报告》，2019年9月。

第二节 5G建设评价

一、广州5G设施建设进展

5G能够创造巨大的经济价值，重构城市信息基础设施，可实现消费互联网向产业互联网的关键跨越，同时也会面临网络安全风险。[①] 广州作为全国首批5G建设试点城市之一，以实现5G网络建设走在全国前列为目标。2019年以来，广州陆续出台实施了《广州市信息基础设施建设三年行动方案（2018—2020年）》《广州市加快5G发展三年行动计划（2019—2021年）》《2019年度广州市5G网络建设工作方案》等多项加快5G发展的政策措施，以加快推进5G设施建设、5G商用和产业化。

截至2020年年底，广州累计建成5G基站4.8万座（含室外站、室内分布系统和共享站点），实现了中心城区和重要区域的5G网络覆盖，在5G基站建设数量上居广东全省第一，全国领先，累计5G用户超过640万户。[②] 并且，广州计划到2022年，累计建成5G基站8万座，总投资超过300亿元，培育200家5G应用领域创新型企业，以成为粤港澳大湾区信息基础设施领先城市。到2023年，广州将为5G网络建设提供9万个5G站址，前期优先在人流密集的城镇中心等居民区域建设5G基站，完善5G公网，以确保社会公众可以尽快享受到5G网络服务。另外，广州同步在工厂、园区、港口、电力等重点行业和领域部署5G专网，为行业用户提供稳定的网络支撑，其间，广州将进一步加大5G网络建设的投入，进而打造全国领先的5G网络。

目前，广州市、区主要的行政文化商业核心区域已经基本实现5G规模组网建设，白云机场、广州南站、火车东站等重要交通枢纽，广深铁路、穗莞深城轨等重要交通道路，花城广场、天河体育中心、天河路商圈、北京路步行街、广州塔景区、琶洲会展中心等热点区域的5G网络部署已经完成。新一代信息技术价值创新园、天河软件价值创新园、白云湖数字科技城、黄埔港粤港澳大湾区现

---

① 参见惠志斌《5G与数字经济》，载《探索与争鸣》2019年第9期，第50～53页。
② 参见许青青《广州建成5G基站4.8万座 5G用户超640万户》，见 https://baijiahao.baidu.com/s?id=1688857707840723725&wfr=spider&for=pc，最后访问时间：2021年7月26日。

代服务创新区、琶洲粤港澳大湾区人工智能与数字经济创新试验区、花果山"互联网+"传媒小镇、番禺区汽车城、科学城、中新广州知识城、生物岛、长洲岛等具有应用需求的产业园区基本完成了5G网络部署。网络与应用的协调发展,使主城区和重点区域5G网络基本实现了连续覆盖。

二、国内先进城市5G基础设施建设

1. 北京

截至2020年12月底,北京累计开通5G基站5.3万个,建设数量在全国城市排名中名列前茅,其中新建宏站3万个,室内分布系统0.73万个,5G用户累计达到820万户。其出台了《关于进一步加快推进北京市5G基础设施建设的通知》《关于做好5G基站电力供应服务工作的通知》等文件,为5G基站降低用电成本、简化用电报装程序提供了政策保障。在布局方面,北京以重点场所和典型应用为引领,尤其在自动驾驶、健康医疗、工业互联网、智慧城市、超高清视频五大应用场景与北京城市副中心、北京大兴国际机场、2022年北京冬奥会、长安街沿线升级改造项目等重大工程中统筹布局,推动首都功能核心区、城市副中心、重要功能区、重要场所的5G网络覆盖。[1] 截至2020年9月,北京市各基础电信企业已全面完成5G独立组网核心网建设、优化和整体部署工作,核心网侧网元已具备基站接入能力,确保了已经建成的5G基站全部接入独立组网核心网,实现了5G独立组网全覆盖。

2. 上海

上海是全国5G建设的排头兵,是全国5G基站部署最多的城市,截至2020年7月底,累计建成5G室外基站超过2.5万个,

---

[1] 参见余予《北京圆满完成2020年5G网络建设任务 累计开通5G基站5.3万个》,见http://finance.sina.com.cn/tech/2021-02-02/doc-ikftssap2381453.shtml,最后访问时间:2021年7月26日。

5G室内小站超过3.1万个。在5G商业应用方面，上海已形成国内领先优势，正全方位推动5G应用与各行业融合发展，已在智能制造、智慧医疗、智慧教育等领域推进了300项以上的5G应用项目。[①] 根据《上海"双千兆宽带城市"加速三年行动计划（2021—2023年）》，到2023年，上海计划在平均接入带宽、宽带下载速率、千兆以上宽带用户渗透率、用户感知度等关键指标方面继续保持全国领先、全球第一阵营，以将上海打造成为全球知名的5G产业发展高地和应用创新策源地。在5G SA（独立组网）全面部署完成的基础上，上海计划于2021年实现5G SA全面商用，中心城区和郊区城镇化地区室外深度覆盖；每年新增1万个5G室外基站，至2023年，完成5G精品网建设，累计建设完成6万个5G室外基站。

3. 深圳

深圳于2020年建成了5G基站超过4.6万个，在全国率先实现了5G独立组网全覆盖，正加快构建一流的5G创新生态，以打造5G应用标杆城市。[②] 深圳5G产业基础实力雄厚，研发创新活力强，拥有一大批5G技术龙头企业和行业应用领军企业，在5G网络设备、关键元器件、终端设备、应用场景等领域都具有较强竞争力，可以为5G上下游企业提供快捷、完善、先进的技术解决方案。深圳政策支持力度大，根据其2020年年底出台的《关于大力促进5G创新应用发展的若干措施》，对5G核心产品产业化项目，按不超过项目总投资的20%给予资助，最高1500万元；对5G模组行业应用终端企业，根据行业终端的应用规模，按不超过模组、芯片采购成本的20%给予补贴；每年评选若干5G特色应用示范园区，按不超过园区新增软、硬件实际投资的30%给予资助，最高

---

① 参见《上海已成全国5G基站部署最多的城市》，见 https://xw.qq.com/cmsid/20200819A0FL2000，最后访问时间：2021年7月26日。

② 参见王睦广、赵炎雄《深圳5G网络建设领跑全国，全市基站数量超4.6万个》，见 http://sz.oeeee.com/html/202012/17/1025711.html，最后访问时间：2021年7月26日。

5000万元。

三、比较与评价

第一，广州5G基站规模不断扩大，但5G网络全覆盖进程相对滞后。在国内城市当中，广州5G基站的建设速度最快，建设数量最多，5G网络建设和应用发展走在全国前列。但5G网络全覆盖进程相对滞后，广州规划于2021年实现主城区和重点区域5G网络连续覆盖，深圳已经于2020年8月底实现5G网络全市覆盖，上海在2020年年底也已经实现全市5G全覆盖，北京则确定于2021年实现重点功能区5G网络覆盖。

第二，广州的5G政策支持力度仍需提升。虽然广州出台了一系列相关的政策，如5G产业发展行动计划、大数据行动计划、工业互联网发展行动计划以及关于通过公共数据开放促进人工智能产业发展的工作方案等，但从5G扶持政策的总量来看，相较于国内其他城市而言，并不处于领先地位，比如，目前广州还没有出台数字经济创新发展的纲领性文件。

第三，广州的5G商用部署力度亟待加强。目前，广州仅在部分区域实现了5G试商用，缺乏5G的大规模商用，也尚未构建以5G的试点网络为核心的产业生态体；人工智能和经济社会的深度融合还很欠缺，尤其在医疗健康、城市治理、社会民生等领域还未形成一批试点融合应用项目。而北京、上海等城市都已经在本地区的重点功能区、重大项目、重大活动、重要场所率先实现了5G商用。

第三节　工业互联网建设评价

一、广州工业互联网建设进展

第一，广州市工业互联网基础设施建设全国领先。全市工业互联网标识解析体系国家顶级节点（广州）接入二级节点24个，占全国32.4%；标识注册量24.9亿个，占全国36.8%。标识注册量和累计解析量均居全国5个顶级节点中的首位，覆盖了17个行业774家企业。基于标识解析的关键产品追溯、供应链管理、产品全生命周期管理等集成创新应用稳步开展。

第二，广州市工业互联网平台支撑体系基本形成。广州先后引进了树根互联、阿里云、航天云网、海尔科技等20多家国内知名平台，培育了中船互联、博依特、盖特等一批行业领先平台，初步建成了以树根互联等国家级双跨平台和百布网等行业"独角兽"平台为代表的平台支撑体系。树根互联是十大国家级"跨行业跨领域工业互联网平台"之一，其"根云平台"连续2年作为国内唯一一家工业互联网平台入选高德纳《2020全球工业互联网平台魔力象限报告》，目前已接入总价值超过5000亿元的工业设备69万余台，涉及工程机械、环保、铸造等20多个行业，为45个国家和地区提供服务。百布网是纺织品B2B（企业对企业）行业的领军企业，获评2020年"新基建产业独角兽TOP100"，完成了超过45万台织布机的智能物联网设备铺设，链接服务国内约35%的织布机规模，是行业内智能物联网设备覆盖规模最大的服务商。广州现有128家工业互联网平台商和解决方案服务商入选广东省工业互联网产业生态供给资源池，数量居全省第一，牵头推进的省产业集群数字化试点数量也居全省第一（7个试点项目，占全省54%）。

第三，广州工业互联应用场景不断丰富。全市以政策为抓手，全面推进企业"上云上平台"，规模以上企业"上云上平台"比例达40%，支持161个项目成功申请并兑现"上云上平台"服务券共约3200万元，涉及装备制造、电子信息、家电与都市消费品、生物医药、新材料等行业。广州培育打造了一批"5G+工业互联网应用"的标杆，推动了工业企业、基础电信运营商、工业互联网服务商的跨界合作，涉及汽车、船舶、机器人及智能装备、新型显示、生物医药、信息通信、定制家居等行业，以及探索5G在视频远程监控（识别）、机器人及智能设备控制、在线远程智能诊断、AR（增强现实）/VR辅助交互设计等工业场景中的应用。中船黄埔文冲、树根互联、鼎信信息、蓝盾信息、奥格智能等19个企业项目入选工业和信息化部（以下简称"工信部"）2019年工业互联网创新发展工程项目。智能化生产、网络化协同、个性化定制、服务化延伸等新业态、新模式加速发展，家居、汽车、服装等领域积极探索大规模个性化定制的工业4.0生产模式，已形成欧派家居、索菲亚、尚品宅配等领先企业集聚的定制家居产业集群。定制家居产业集群、箱包皮具产业集群已被列入广东省产业集群数字化试点，41个企业项目被选为国家、省工业互联网领域的创新发展试点示范、应用标杆等。

二、国内先进城市工业互联网建设

1. 北京

北京市立足于首都城市战略定位，推进全国科创中心建设和京津冀协同发展战略，以"赋能全国数字化转型"为目标，大力发展工业互联网，在政策、资金、服务等多个方面进行综合支持，打造国家级工业互联网发展高地。截至2020年9月，北京市已上线运行工业互联网标识解析国家顶级节点（北京），建成国家顶级节点指挥运营中心，接入航天云网、中检溯源等17个二级节点，标识注册量达到 22.68 亿。①

第一，在研发创新方面优势突出。北京是国家科技教育文化中心，独具首都优势，集聚了中国信息通信研究院、中国电子信息产业发展研究院、国家工业信息安全发展研究中心、中国电子技术标准化研究院、中国工业互联网研究院等工业互联网领域的权威研究机构和标准制定组织，还拥有清华大学、北京大学、北京航空航天大学、北京理工大学等顶尖高校，工业互联网高层次人才汇聚，科研实力雄厚。

第二，政策支持力度明显。北京的市、区两级出台了多项政策支持工业互联网发展，如市一级出台了《北京工业互联网发展行动计划（2018—2020 年）》《北京市加快新型基础设施建设行动方案（2020—2022 年）》，区一级出台了《北京市石景山区工业互联网产业发展规划（2020 年—2025 年）》《顺义区关于支持智能制造加快发展的若干措施》《朝阳区加快新型基础设施建设行动方案（2020—2022 年）》等，对产业发展、平台建设、企业经营、人才发展等予以了较大力度的支持。

第三，积极谋划产业布局。北京市已经明确形成以顺义、海淀、朝阳、石景山四区为重点区，以昌平等为拓展区的"4 + N"产业集群发展布局。北京以四个区为核心，做强工业互联网标识生态、网络安全、边缘计算和平台建设，依托主要产业集群开放应用场景，建设智能工厂。

第四，组建协同化高水平的支持性平台。北京成立了多个产学研平台，如北京工业互联网技术创新与产业发展联盟、北京信息化和工业化融合服务联盟，成立了中国工业互联网研究院，建设了国家工业大数据中心、西门子赋能中心等，创建了北京工业大数据创新中心、工业技术软件化创新中心和数字化设计与制造创新中

---

① 参见邹洁《发布 2020 发展报告 北京市已成工业互联网全国发展高地》，见 http://www.cinn.cn/gongjing/202009/t20200918_233530.html，最后访问时间：2021 年 7 月 26 日。

心等。

2. 上海

上海大力度推进工业互联网创新发展,助力经济数字化转型,获批全国首个工业互联网新型工业化产业示范基地。2020年,上海实施"工赋上海"行动,在全国率先探索以"知识化、质量型、数字孪生"为特色的工业转型,培育了涵盖网络、平台、安全等39个综合解决方案的提供商,打造了15个具有影响力的工业互联网平台,带动了12万中小企业上平台,工业互联网的核心产业规模达到1000亿元,10家企业入选工信部制造业与互联网融合试点示范名单。2020年年底,工业互联网标识解析国家顶级节点(上海)正式上线,企业标识注册量突破20亿,围绕航空航天、高端装备等产业,为数字化转型打造"一物一码",预计到2022年,上海工业互联网核心产业规模将达到1500亿元。[①]

第一,组建数字转型功能性机构。上海在集聚创新要素、推进科创转化、特色产业集群等方面进行了积极探索和实践,不断引进和服务全国优质工业互联网平台和服务企业,2020年成立了中国信通院数字化转型中心上海分中心、上海市工业互联网高技能人才培养基地、上海电气西门子智慧能源赋能中心、正泰自动化有限公司、格创东智(上海)工业智能科技有限公司、创新奇智(上海)科技有限公司、致景科技纺织工业互联网中心、上海工业互联网协会安全专业委员会共8家功能性机构和企业,目的在于给经济数字化转型注入新动能。

第二,政策支持工业互联网建设。上海率先在政策环境、功能体系、生态合作等方面率先布局并进行了一系列探索和实践。比如,在规划政策方面,早在2017年年初,上海就率先出台《关于本市加快制造业与互联网融合创新发展的实施意见》和《上海市

---

① 参见张淑贤《上海"加码"推进工业互联网发展 到2022年核心产业规模实现1500亿元》,见 https://baijiahao.baidu.com/s?id=1688747540431326101&wfr=spider&for=pc,最后访问时间:2021年7月26日。

工业互联网创新发展应用三年行动计划（2017—2019年）》，配套设立工业互联网专项资金；2018年，上海以制定发布《上海市工业互联网产业创新工程实施方案》为契机，又进一步明确了未来3年上海工业互联网发展的目标、主要任务和保障措施。2020年年底出台的《关于全面推进上海城市数字化转型的意见》更是把工业互联网作为经济数字化转型的重点之一。

3. 深圳

深圳的工业互联网正从起步迈向快速发展阶段，总体竞争力位居全国前列。

第一，大力开展政策支持。2018年，深圳出台了《深圳市关于加快工业互联网发展的若干措施》和《深圳市工业互联网发展行动计划（2018—2020年）》，以构建核心支撑、融合应用、生态体系三大体系为总体布局，提高关键技术支撑能力，面向重点行业开展创新应用，打造工业互联网产业示范基地。

第二，产业生态培育和应用场景丰富程度全国领先。深圳在电子制造、机械装备、精密制造、医药生产、服装等领域大力发展工业互联网应用，产生了一批典型案例。2020年12月，工信部公示跨行业跨领域工业互联网平台清单，华为、富士康、腾讯3家深圳平台上榜，占据清单的1/5。深圳形成了以专家智库为支撑、以产业联盟为载体、以产业集群为依托的工业互联网合作发展生态。

第三，促进产业转型取得实效。通过工业互联网应用，深圳52.6%的工业企业生产成本下降，53.3%的企业产品良品率提升，29.4%的企业原材料损耗减少。工业互联网还催生出了网络化协同、规模化定制、服务化延伸等新模式、新业态，推动了先进工业和现代服务业的深度融合，促进了大中小企业开放融通发展。[①]

[①] 参见刘羚《全国领先！深圳工业互联网发展"成绩单"亮眼》，见 https://new.qq.com/omn/20210120/20210120A0486E00.html，最后访问时间：2021年7月26日。

三、比较与评价

第一，各类工业互联网平台尚未形成规模。虽然广州在各类工业互联网平台建设中取得了一些成效，但相较于国内的先进省市，平台基础还不强，以物联网、服务互联网为基础的网络基础设施还需要进一步提升，重大平台的实际落地成效有待加强，众多面向行业的功能服务平台还需进一步提升和增强。其中，面向中小企业生产过程实现智能制造的工业互联网平台、大型装备企业与配套中小装备企业之间的联动发展平台，面向大众创业、万众创新的创投平台，系统集成商、软件、设备制造商和用户之间的供需对接平台及信息服务平台，基于企业与市民信用信息的互联网金融平台，检验检测、再制造、云服务、大数据服务、软件开发应用等智能制造公共服务平台等各类功能的服务平台尚未形成规模，对行业发展的现实促进作用有待提高。

第二，制造业企业基础数据采集能力较弱。数据采集是工业互联网平台的信息来源，数据的有效性和准确性直接关系到工业互联网平台的运行实效。当前，广州制造业企业数据采集的能力薄弱，我们初步了解到，80%以上的机器设备没有联网，设备数字化水平不高，导致工业互联网平台数据采集难、成本高、效率低。各种工业互联网平台与制造生产过程的连接渗透程度不一，本地平台的示范推广应用和复制效应有待进一步提升。此外，工业物联网基础设施支撑能力、工业软件研发能力、系统解决方案供给能力和信息安全保障能力等基础支撑能力建设还有待进一步加强。

第三，制造业企业的"数据孤岛"尚未打通。在制造业企业、行业之间，由于协议标准不一、接口不同，数据难以在系统之间、行业之间交流、共享和融合，从而形成"数据孤岛"。加快制造业企业的数字化发展，亟须对已有的信息进行整合，共享企业系统间、企业之间的信息。而制造业企业本身的信息化基础参差不齐，各行业、各领域的需求各有不同，需要平台服务提供商、解决方案提供商或信息服务工程公司提供个性化、差异化且低成本的服务方案，以至于数据标准难以统一，从而导致数据"数据孤岛"长期存在，大量中小企业的"互联网+""大数据+""机器人+"的发展还有很长的路要走。

第四，传统的产业管理模式制约着工业互联网与制造业融合发展。在工业互联网的持续发展下，制造业与服务业的界限越来越模糊，原有制造业体制机制及管理模式与"互联网+制造业"新模式不相适应，表现为：①现有产业政策与新兴产业关系不适应。现行制造业政策仍是以往制造业发展思路的承袭，在扶持对象、扶持手段、行政审批等方面对"互联网+制造业"发展不适应。如某云制造平台企业，统计上列入服务业企业，但实际经营业务属于制造型企业，由于设备全部是租借的，也很难享受到政府技改扶持政策。②不断增长的基础信息资源共享和监管方式不适应。制造业产业链上下游各环节的高度协同对企业征信数据库、行业数据库等基础信息资源的建立、开放和共享提出了更高的要求，因此，需要建立起能够应对行业基础信息资源共享的业务协同保障机制和监管方式，以推进产业链上下游信息资源的开放共享。

第七章 高质量推进广州数字经济试验区建设

全球数字经济正处于加速发展阶段,要想在全球激烈竞争中赢得优势,离不开政府的主动战略性布局,特别是部署重大功能区以起到强大的增长极功能,进而促进区域经济发展,并产生规模效应和外部效应。[①] 我国正在进行战略性布局示范区建设,以带动全国范围的数字化转型。广州也正在举全市之力推进人工智能与数字经济试验区的建设,目标是建设世界一流的数字经济示范区,当前还处于加快建设阶段,需要跟随国家战略,学习先行示范区域经验,从而高质量地推进数字经济创新发展试验区建设。

第一节 广州数字经济试验区建设意义与进展

广州因应全球科技产业变革趋势,落实《粤港澳大湾区发展规划纲要》《国家数字经济创新发展试验区实施方案》的部署,决定举全市之力打造以琶洲为核心、以珠江为纽带、以产业融合发展联动周边区域的广州人工智能与数字经济试验区,并将其定位成广州实现老城市新活力和"四个出新出彩"的重要支撑区、粤港澳大湾区数字经济高质量发展示范区,进而在全国数字经济创新发展中走在前列。同时,广州计划将建设过程分成三个阶段,最终将该试验区建设成人工智能与数字经济发展的全球优选地。

---

① 参见郝寿义、安虎森《区域经济学》,经济科学出版社2015年版,第120~148页。

一、重大基础设施加快建设

该试验区的交通基础设施正在进一步优化。该试验区主要是广州中心区域和商务区域，人口密集，市场经济发达，但对照未来建设目标和承载能力，区域外联内通的交通路网建设需要进一步提高效率。2019年以来，穗莞深城际轨道琶洲支线，广佛环线广州南站至白云机场段，地铁10、11、12、18号线以及7号线二期等重大轨道交通项目和琶洲港澳客运口岸均已动工。市政基础设施进一步完善，琶洲西区地下综合管廊工程项目、金融城起步区PPP（政府和社会资本合作）项目、花城大道工程、临江大道工程等相继开工建设。新基建谋划布局力度进一步加大，已开通超过1000个5G基站，建成147支智慧灯杆，基本实现了区内5G信号连续覆盖。

二、功能片区产业发展不断聚焦

该试验区规划涵盖"一核三片区"，总面积达到81平方千米，截至2020年年底，各片区产业集聚功能已初步显现。琶洲核心片区数字产业化态势增强，落地了广东省首个国家新型工业化产业示范基地（大数据）和全省首个人工智能产业园，已引入20多家人工智能与数字经济领军企业；大学城片区科创孵化成效明显，已形成数字家庭、集成电路、健康产业3个国家级科技企业孵化器，成功培育新三板上市企业4家、高新技术企业52家；金融城片区数字金融和文化产业加速聚集，汇聚了全市70%的持牌金融机构，40%的法人金融机构，为人工智能产业和数字经济的发展提供了强大的金融支持；① 鱼珠片区信息产业体系逐步形成，获国家批复创建"区块链发展先行示范区"，落户全国三大通用软硬件适配测试

---

① 数据来源：广州市工业和信息化局网站。

中心之一，中国软件CBD（中央商务区）首期主体工程已施工完成，一批知名硬件企业相继落户。

三、科创协同发展不断深入

该试验区的重大公共创新平台建设正在加快推进。人工智能与数字经济广东省实验室（琶洲实验室）获批成为鹏城国家实验室广州基地，并与国内优势高校开展项目合作。纳米科技、空天信息、腐蚀科学领域的重大创新项目相继开始施工建设。重点协同创新平台应用成效显著，国家超级计算广州中心在人工智能等领域建立了一站式开发与应用平台，用户年均增长25%，平均利用率超过75%。数字经济应用场景创造开放力度加大，一年内形成了两批共36个应用场景并公开发布，向社会遴选推荐超过80个数字技术产品进入广东省首批数字技术产品名单，向全国宣传推广超过70个优秀数字技术解决方案。

四、引资集聚功能初步显现

该试验区建设一年来，广州统筹招商资源，发挥中国海外人才交流大会（以下简称"海交会"）、中国创新创业成果交易会（以下简称"创交会"）、中国广州国际投资年会（以下简称"投资年会"）等交流平台的作用，实施靶向招商，在全国共举办了4场大规模引企引资引才推介活动，推广广州试验区营商环境和投资机遇，集中发布广州人工智能与数字经济优质应用场景。截至2020年年底，广州试验区范围内共有高新技术企业493家，全年技术合同成交额达713.91亿元；全年签约招商项目76个，注册（落地）项目89个，协议投资总额1338.03亿元。[①]

[①] 数据来源：广州市工业和信息化局网站。

第二节　广州数字经济试验区面临的潜在挑战

广州数字经济试验区正处于大力投资开发建设的阶段，创新主体、带动功能正在汇聚中，发展形势良好。该区域作为广州未来发展的最重要增长极和引领区，更加需要未雨绸缪，尽早认识到可能面临的潜在挑战。

一、数字经济区域发展不平衡现象依然明显

从全国范围来看，区域之间的数字经济发展空间分化格局客观存在，并且在省与省之间呈现由东向西梯级递减的特征，这主要是由于数字化产业变革和数字化基础设施之间存在差距。[1] 同样，从全市发展格局来看，广州已经规划的试验区特别是黄埔、天河、海珠所涉及的区域，是广州数字经济发展的引领区域，发展水平远高于其他市内辖区。数字经济发展布局在较大程度上仍然与广州传统经济空间布局存在关联性和趋同性，城区之间、城乡之间数字经济发展不平衡的现象仍然较为明显，其主要原因在于，数字经济发展需要有良好的数字基础设施、产业规模和结构基础、人才创新基础和政策环境支撑，这些条件在中心区域更容易得到供给和满足，在需求端发达区域的数字经济市场规模也更为庞大和集中。因此，广州数字经济区域发展不平衡不仅是试验区建设所面临的挑战，也可能是全市数字化转型中面临着的潜在挑战。

---

[1] 参见张雪玲、吴恬恬《中国省域数字经济发展空间分化格局研究》，载《调研世界》2019 年第 10 期，第 34~40 页。

二、数字经济监测监管体系还有待完善

对数字经济进行统计监测十分必要,而就城市而言,对数字经济发展状况的评估也同样影响着对城市发展战略的部署和评价。囿于数字经济统计的复杂性、系统性以及与工业时代经济统计的显著差异性,目前国家层面还未发布统一的数字经济统计指标,许多数字经济研究机构则根据研究需要各自构建不同指标体系并采用不同方法对数字经济发展进行评估,所得出的研究结论具有一定的启发性和参考性,但其精确性和权威性仍然有待实践检验。一些城市如重庆仅对数字经济调查的内容、对象、方法、组织方式进行了明确,但并未对外发布数字经济统计数据;浙江对数字经济核心产业进行了分类界定,对7大类128个小类行业进行了统计,不过这些统计监测方法和模式也还未得到普遍认可。数字经济作为新时代发展的引擎,广州对其发展状况进行统计和监测无疑是极为重要的,但显然在短时间内,还难以完全形成科学、系统、完整、准确的方式方法,这显然是当下及未来一段时间内的潜在挑战之一。

三、数字要素市场建设整体还相对滞后

数字要素已经被明确为生产要素之一,而释放数字要素的价值就是紧随其后的最重要环节。迄今为止,虽然数字要素已经在全球范围内广泛流通并发挥出了极大价值,但广州乃至全球范围内也还未能够形成数字要素的市场化运行机制,这突出表现在数字要素产权保护和安全保护方面,这是促进数字要素市场化流通的根本。国际上如欧盟到2018年才出台了《一般数据保护条例》,[①] 直到2020年才公布《数字市场法》《数字服务法》草案,而且还未全部走完

---

① 参见王春宇《美国和欧盟的数字经济政策》,载《新经济》2020年第Z1期,第104~106页。

立法程序。近年来，美国虽然在数字市场和数字保护领域频频提出一些提案，但也尚未形成较为完善的数字经济发展和数字要素市场保护的法律法规体系。我国于 2020 年发布了《关于构建更加完善的要素市场化配置体制机制的意见》，明确提出要加快培育数字要素市场，推动数字开放共享，挖掘提升数字资源价值，强化数字要素安全保护，但是也还未出台实施专门的数字要素市场建设方案和法律法规。从广州的实践来看，目前在推动数字经济发展的过程中，其普遍对数字基础设施建设、数字经济核心产业的发展更为重视，在这方面也更有成效，但在数字要素的采集、开放、流通、交易、保护等方面的探索还未形成较好的经验模式，这不仅是广州也是全国数字经济发展中面临的重要挑战之一。

四、带动全市经济社会全面数字化转型有待时日

打造数字经济试验区的重要目的之一是形成面向未来的强大增长极，带动全市及周边城市完成全面数字化转型升级，促进从工业时代迈入数字时代，但这一目标的实现还存在许多挑战。一是数字经济试验区目前还处于建设阶段，产业集聚还未形成强大的产业链创新链闭环和集群功能，具有标志性、代表性的创新企业、创新产品、创新技术还未大量兴起。二是广州当前的产业结构仍具有很强的稳定性，传统的工业支柱产业、数量庞大的中小企业、发达的商贸业仍将在较长时间内占据主导地位，这些产业的数字化转型不会一蹴而就，而且从调查情况来看，企业家群体对数字化转型的不同认识观念、转型升级投入、运营模式都还很不统一。三是广州城市功能空间布局调整难度大，城市更新的成本高昂，人口管理和社会公共服务的投入成本巨大，即使在试验区范围内也是其他非数字型产业占据大部分空间。四是为缩小客观存在的区域差异或实现区域协同发展的目标，从而缩小数字鸿沟，需要极大的投入和综合性改革措施，即使在全市范围内推动数字新技术、新模式，短期内也可

能形成阶段性风险。我们需要充分认识到，生产组织模式的变革和生活消费模式的变革，这本身应是一个逐渐渗透融合的漫长过程。

第三节　国家数字经济试验区建设经验与启示

为抓住时代机遇，探索数字经济创新发展和数字社会创新治理的新模式、新路径，2019年10月，国家在浙江、广东、福建、河北（含雄安新区）、四川和重庆6个省市启动布局了国家数字经济创新发展试验区，并要求六大试验区出台系列政策举措，推动试验区创新发展，以成为支撑我国数字强国建设的排头兵和示范区。经过近一年的建设，6个区域在多个方面取得了实际进展、成效和经验。跟踪和观察国家数字经济创新发展试验区的建设进展和动态，对广州显然是极有启示意义的。

一、优先加强数字基础设施建设

6个国家级的试验区都出台了一系列政策措施，并且都是率先开展数字基础设施建设，打好数字经济发展的"底座"。截至2020年，广东已建成6万个5G基站，数量在全国主要省级行政区中居第一；此外，浙江、山东、四川也走在全国前列。（见表7-1）在工业互联网方面，广东的产业增加值则达到了3847亿元，高居全国主要省份第一位。山东、浙江的工业互联网产业增加值也都超过了2000亿元，分别排在全国主要省份的第三和第四。四川和福建工业互联网产业增加值超过了1500亿元，分别排在全国主要省份的第七和第八。河北工业互联网产业增加值则超过了1000亿元。试验区工业互联网产业增加值占各省份GDP的比重均超过3%。工业互联网产业增加值增长速度均远远高于同期的各省份GDP，其中福建和重庆在2019年的增长速度均超过了30%，分别高居全国主要省份的第一和第二,其他试验区的增长速度也都超过了20%。① 在工信部公布的 15 个 2020 年工业互联网"双跨"平台中,其中有 7 个来自试验区。(见表 7-2)

表 7-1　国家数字经济创新发展试验区 5G 基站建设数量②

试验区	2020 年(万个)	2022 年计划(万个)
广东	6	22
浙江	5	12
四川	4	12
重庆	3	10
福建	2	5
河北	1.5	7

表 7-2　国家工信部公布的 2020 年工业互联网双跨平台③

企业名称	平台名称	所在地
海尔卡奥斯物联生态科技有限公司	卡奥斯 COSMOPlat 工业互联网平台	青岛
航天云网科技发展有限责任公司	航天云网 INDICS 平台	北京
北京东方国信科技股份有限公司	东方国信 CLUODIIP 平台	北京

---

① 参见中国工业互联网研究院《中国工业互联网产业经济发展白皮书(2020年)》,2020 年 8 月 19 日发布,第 31 页。

② 参见工业和信息化部赛迪智库《5G 发展 2021 展望白皮书》,2020 年 12 月 17 日发布,第 2~3 页。

③ 数据来源:工业和信息化部网站。

续表 7-2

企业名称	平台名称	所在地
江苏徐工信息技术股份有限公司	汉云工业互联网平台	徐州
树根互联技术有限公司	树根互联 ROOTCLOUD 工业互联网平台	广州
用友网络科技股份有限公司	用友精智工业互联网平台	北京
阿里云计算有限公司	阿里云 supEI 工业互联网平台	杭州
浪潮云信息技术股份公司	云洲工业互联网平台	济南
华为技术有限公司	华为 FusionPlant 工业互联网平台	深圳
富士康工业互联网股份有限公司	富士康 FiiClond 工业互联网平台	深圳
深圳市腾讯计算机系统有限公司	腾讯 WeMake 工业互联网平台	深圳
重庆忽米网络科技有限公司	忽米 H-IIP 工业互联网平台	重庆
上海宝信软件股份有限公司	宝信 XIN3Plat 工业互联网平台	上海
浙江蓝卓工业互联网信息技术有限公司	supOS 工业操作系统	宁波
紫光云引擎科技（苏州）有限公司	UNIPower 工业互联网平台	苏州

二、大力发展数字经济产业体系

发展数字产业是建设创新试验区的关键目标之一。从数字经济规模来看，广东、浙江、福建、四川、河北的数字经济增加值都已经超过1万亿元,重庆的数字经济增加值则超过了5000亿元。从增长速度来看,各试验区数字经济增长速度持续强劲。在新冠肺炎疫情冲击导致全球经济普遍放缓的背景下,数字经济发展成果依然亮眼,如四川2019年数字经济增加值为1.43万亿元,增长率为13.5%;重庆2019年数字经济增加值为5250亿元,增长率为15.9%;浙江2019年数字经济增加值为2.7万亿元,增长率为15.6%。① 在2019年数字经济竞争力排行榜中,6个数字经济试验区共有5个进入前10位,广东位居榜首,浙江排在第5位,福建排在第8位,四川排在第9位,重庆排在第10位。(见表7-3)赛迪顾问从数字基础设施、数字经济产业、数字经济融合、数字经济环境四个方面选取了一系列指标合成中国数字经济发展指数,对我国各地数字经济发展情况进行评估分析。根据其发布的《2020中国数字经济发展指数(DEDI)》,2020年中国数字经济发展指数的均值为29.6,6个试验区中,广东、浙江、福建、四川的数字经济发展指数均高于均值水平,河北和重庆略低于均值水平,广东数字经济发展水平全国领先。(见表7-4)

表7-3 国家数字经济创新发展试验区数字经济竞争力排名②

试验区	竞争力指数得分	排名
广东	85.56	1
浙江	78.40	5
福建	74.55	8
四川	73.62	9
重庆	73.57	10

---

① 参见中国信息通信研究院《中国数字经济发展白皮书(2020年)》,2020年7月3日发布,第14页。

② 参见中国信息通信研究院《中国区域与城市数字经济发展报告(2020年)》,2020年12月28日发布,第3页。

表7-4 国家数字经济创新发展试验区数字经济发展指数排名①

试验区	发展指数值	排名
广东	65.3	1
浙江	51.5	4
福建	38.6	7
四川	35.6	8
河北	29.4	11
重庆	28.8	14

三、突出中心城市的首位带动功能

数字经济均呈现出梯度式发展特征,即发达国家、发达城市依然是数字新技术、数字新业态的策源地,是数字变革的主要发起者和推动者,数字经济和数字变革从中心城市和地区逐步向相对落后的城市和地区辐射扩散。通过观察我国数字经济创新发展试验区,我们也可以发现我国数字经济呈梯度空间布局的现象,即中心城市仍然是数字经济发展的先行者。如广东省发布的《广东省数字经济发展规划(2018—2025年)》,明确提出构建"双核引一廊、一廊引两区、两区带全省"的数字经济发展总体格局,即发挥广州和深圳两个中心城市的核心牵引作用,通过广深科技创新走廊串联数字经济平台,促进数字经济发展,以珠三角辐射带动全省数字经济的发展。浙江省形成以杭州为核心的数字经济空间分布格局,根据浙江省数字经济发展中心、浙江省数字经济学会等单位发布的2020年7月浙江县域数字经济发展网络影响力排行榜,前10位中,杭州下辖的县级行政区占据了6席。(见表7-5)浙江省还专

---

① 参见赛迪顾问《2020中国数字经济发展指数(DEDI)》,2020年10月发布,第5页。

门出台了《关于建设数字经济"飞地"平台的指导意见》，鼓励建设产业孵化、企业创新、生产制造和产业合作等数字经济"飞地"，优化数字经济的空间布局，这些示范基地的所在地基本都是杭州和上海等数字经济发展领先城市。可以预见，依托所在地的数字资源优势，这些平台将带动所属地数字经济发展，成为数字经济从中心城市向周边中小城市和乡村扩散的重要纽带和桥梁。

表7-5 2020年7月浙江县域数字经济发展网络影响力指数排名前十位的县（市、区）[①]

排名	县（市、区）	热度
1	余杭区	76.28
2	西湖区	71.69
3	萧山区	71.10
4	高新开发区（滨江）	69.26
5	义乌市	68.50
6	桐乡市	67.89
7	嘉善县	64.45
8	江干区	63.16
9	拱墅区	62.91
10	海宁市	62.77

四、构建强有力的建设工作推动机制

在获批为国家数字经济创新发展试验区之后，各试验区都在2020年相应制定了建设工作方案，进一步明确和细化了试验区的

[①] 参见庞舒青《2020浙江县域数字经济发展网络影响力指数7月榜：杭州包揽前三 下半年开局亮眼》，见 http://jxt.zj.gov.cn/art/2020/8/5/art_1657977_54018829.html，最后访问时间：2021年7月26日。

建设思路、主要目标和重点任务。如广东省发布了工作方案，对数字基础设施建设、数据要素配置机制、数字经济和技术创新、经济数字化转型、数字经济开放合作和"智慧广东"建设等领域都做了具体部署，并明确了各部门的职责和分工，相继出台了一系列专项政策。浙江省专门成立了数字经济发展领导小组办公室，明确提出要实施数字经济"一号工程"，并于2020年颁布了《浙江省数字经济促进条例》，在全国率先以地方立法的形式为数字经济发展保驾护航。浙江省数字经济发展领导小组办公室、浙江省经济和信息化厅、浙江省统计局还率先制定了数字经济发展综合评价办法和评价指标体系，每年对全省及省内各市、县、区数字经济发展进行数据采集和评估。

第四节　广州数字经济试验区的探索方向

面向未来，广州数字经济试验区应牢牢把握数字经济发展潮流和趋势，立足自身发展优势，正视自身发展短板，学习先进区域经验，实现高质量发展。

一、探索中心城市带动区域数字经济协调发展模式

有学者的实证分析表明，经济水平、人口规模、人力资本对数字经济发展水平的影响并不显著，经济基础较差的地区也可以依靠提升信息基础设施，推动产业升级，发展数字经济，从而实现经济"换道超车"。[1] 梯度发展是许多产业空间布局和辐射扩散的一般规律。但是，随着信息技术的发展，"流空间"和"地理空间"开始

---

[1] 参见钟业喜、毛炜圣《长江经济带数字经济空间格局及影响因素》，载《重庆大学学报（社会科学版）》2020年第1期，第19~30页。

融合发展，尤其是线上办公、线上经济的发展使得生产和消费的地理集中性受到一定影响，一些企业和产业倾向于离开生产经营成本相对较高的中心城区和大城市，在城市郊区和中小城市落地布局，从而更有利于区域经济均衡发展。数字经济作为一种新经济，虽然对传统土地、劳动力要素的依赖较少，但其主要依赖的数据、人才、知识等高端资源仍然是在主要大城市更容易获得。另外，大城市也拥有更多资金和机会优先建设数字基础设施、数字交易市场、数字经济平台、数字应用场景等，大城市的营商环境往往更优、数字消费能力往往更强，这些都使数字经济发展在区域空间上仍然表现出从中心城市向外围地区扩散的"中心－边缘"结构。因此，面向未来，试验区建设在实行中心城市率先发展的同时，要更好地带动区域整体数字经济相对均衡发展，从而更大限度地放大扩散效应、减少极化效应，防止区域发展二元结构更加突出。

二、探索适应发展需要的数字经济监测和监管模式

试验区建设涉及数字经济发展、数字社会建设、数字政府建设、数字标准制定以及各领域全面数字化转型升级，是一个系统性、战略性、复合性的工程。在此过程中，传统经济发展模式、社会运行模式和就业结构模式等都会受到不同程度的冲击，新组织体系、新生产模式和新需求方式的出现也使得原来统计监管模式的局限性日趋显现。因此，随着数字时代和数字变革的到来，我们必须加快建立适应新时代发展需要的数字监测监管模式，一方面可为维护数字社会的安全稳定发展提供保障，另一方面可为迎接和激励数字社会发展提供更宽容、更具弹性的生态环境。

三、探索新发展格局背景下数字经济创新发展模式

为了主动适应当前的新变化、新形势,根据自身发展阶段和条件特征,我国将加快推动形成以国内大循环为主体、国内国际双循环相互促进的新发展格局。[①] 未来,广州数字经济试验区可通过我国构建新发展格局的新机遇,积极探索国内数字经济市场挖掘与国际数字经济市场联通、数字经济与传统实体经济融合、数字经济供给与需求动态平衡、数字要素流转与流通、数字技术与数字应用创新等路径模式,在服务我国新发展格局形成的过程中发挥作用。

四、探索具有国际影响力的数字产业集群建设模式

数字经济发展需要有别于传统经济的新生态系统,因此,通过培育和建设产业集群,通过集群内部的竞争合作网络和创新服务网络,可以实现高质量供给引领、新需求创造协调平衡发展,可以更好地促进数字经济产业链、供应链、价值链、创新链的安全稳定和内生融合,进而从整体上提高地区数字经济的综合竞争力。广州已经明确将建设数字产业集群作为加快数字化发展、发展现代产业体系、推动经济体系优化升级的重要内容。试验区拥有经济基础、市场规模、科技创新、要素资源等多方面优势,理应在探索具有国际影响力的数字产业集群建设模式方面走在全国前列。

---

① 参见刘鹤《加快构建以国内大循环为主体、国内国际双循环相互促进的新发展格局》,载《人民日报》2020年11月25日,第6版。

第八章 广州基础性数字产业发展与比较评价

城市是区域发展的主导力量，这一能力的发挥必须借助于城市产业活动，离开了城市产业活动，城市的动力杠杆也就失去了作用的支点，城市的功能也就失去了赖以附着的物质载体。[①] 数字时代，数字产业便是推进城市数字化转型升级的物质力量。本章选取了集成电路产业、人工智能产业、大数据产业为研究领域，分析了广州数字基础性产业的发展状况。

第一节 基本状况

数字经济基础性产业（相关研究机构也称为"数字产业"）是整个数字经济体系的核心，决定了数字经济的发展方向和城市数字化转型的支撑能力。作为技术密集、资金密集、人才密集特征显著的新形态，全国数字经济资源主要集中在沿海区域，以京津冀、长三角、珠三角区域最为集中，以广东、北京、上海、江苏等省市最为发达，以北京、上海、深圳、广州、杭州等城市为第一梯队。

广州是广东、珠三角数字经济发展的核心城市之一，在全国数字经济版图中与北京、上海、深圳同处于第一梯队。当前，广州数字经济正进入快速发展的新阶段。因暂无准确统计数据，如以珠三角数字经济占 GDP 比重 44.3% 这一平均水平计算，2019 年广州数字经济规模已经超过万亿元。基础性数字经济涉及的产业重点和重

---

① 参见石正方、李培祥《城市功能转型的结构优化分析》，载《生产力研究》2002 年第 2 期，第 90～93 页。

要环节、空间布局等领域也具有显著的广州特点。

近几年来,广州数字产业快速发展,特别是广州人工智能与数字经济试验区获批建设,推动广州地区形成了"一中心,多片区"的数字产业布局形态。(见表8-1)

表8-1 广州数字经济"一中心,多片区"的产业布局分布

类型	主要区域	代表性产业
一中心	广州人工智能与数字经济试验区(海珠、番禺、黄埔、天河)	互联网与云计算、大数据、人工智能、新一代信息技术等,数字金融、数字贸易、数字创意以及各种消费新业态
多片区	南沙区	人工智能、智能交通
	黄埔区	新一代信息技术、人工智能、区块链
	荔湾区、白云区、增城区	新型显示、数字创意、数字金融等数字技术融合应用

第二节 集成电路产业

一、广州集成电路产业

广州"一核、一基、多园区"[①]的产业布局正加快形成,又一个千亿级产业集群正努力打造中。2019年,粤芯项目作为龙头,建成了广东省唯一量产的12英寸芯片生产线,实现了12英寸芯片制造的量产,该项目将以高端模拟芯片、汽车电子、生物医疗检测、5G前端模块等国内较稀缺的产品为主要方向,将有效带动上下游企业形成千亿规模产值,并使芯片制造、设计、封装测试、配

---

① "一核、一基、多园区"是指以黄埔区广州开发区为核心,大力引进集成电路制造项目,建设集成电路产业园。

套产业等全链条环节基本形成。同时，广州还拥有安凯微电子、慧智微电子、泰斗微电子、飞虹微电子、润芯信息技术、风华芯电等一批细分行业骨干。

在新一代通信及卫星导航产业方面，广州基本形成了从芯片、模组、软件、终端产品到行业应用的比较齐全的产业链，成功汇聚了130多家以北斗导航业务为核心的科技型企业，拥有广东省北斗卫星导航产业（广州）基地，集聚了海格通信、南方测绘、中海达、工信部电子五所和杰赛科技等一批龙头企业和领军企业。其中，京信通信的移动通信天线产能全球第一、市场占有率第二，润芯在北斗射频芯片技术水平及市场占有率方面位居全国第一。

当前，广州正着重于补短板，芯片设计业接轨国际水平，但制造、封测环节尚处于中低端水平。目前，广州拥有泰斗微电子、润芯、硅芯、新岸线、昂宝、安凯等一批集成电路设计企业，以及兴森快捷、安捷利、风华芯电等一批封装测试企业。芯片制造仍是广州的弱项，于是，广州有意引入高端芯片生产线——粤芯半导体12英寸生产线，以此来填补芯片制造的空白，从而初步构建起芯片产业链。

二、国内先进城市集成电路产业

1. 上海

上海是全国数字经济最为发达的中心区域之一。在集成电路领域已经初步形成集聚优势。如上海集成电路布局以"一核多极"的空间分布形式，形成了芯片设计类企业占比83%、IC（集成电路）制造类企业占比4%、封装测试类企业占比6%的格局。2019年，上海市集成电路行业销售收入1706亿元，约占全国的格局份额的20%。同年，上海集成电路产业规模已经超过1700亿元，其中设计业715亿元，制造业389亿元，封测业382亿元，设备材料业218亿元，当时预计2020年集成电路产业规模为2000亿元。在芯片设计领域，上海部分企业研发能力已达7纳米，如紫光展锐手机基带芯片市场份额位居世界第三。上海的集成电路实力已经位居中国领先地位、世界一流地位。上海还提出了推动集成电路全产业链自主创新发展,以提升产业规模和能级,打造具有国际影响力的软件和集成电路产业集群、创新源。

2. 北京

在集成电路领域,北京是我国集成电路设计业的发祥地,曾是长期位居中国集成电路设计业首位的城市,也是最早被科技部认定为7个国家级集成电路设计产业化基地之一的城市。北京集成电路产业近年来获得了长足发展,产业规模多年来一直位居前三。在2010—2018年期间,北京的集成电路设计业销售额从115亿元增长到550亿元,增长了4.8倍,年均复合增长率为21.6%。自2000年国务院18号文颁布以来,北京市集成电路产业进入了快速发展阶段,从2000年到2019年,北京集成电路产业销售收入从不足5亿元增长到了1000亿元,排名全国第三,复合年均增长率达到30%;其中集成电路设计产业销售收入从不足2亿元增长到600亿元,集成电路设计公司数量从2000年的23家增加到130多家。北京集成电路产业经过10多年的发展,初步建立起了产业链相对完备的产业格局,并呈现出制造带动、设计引领、装备材料稳步成长的态势,产业规模和技术水平一直在全国占据着举足轻重的地位,已成为支撑我国集成电路产业创新发展的重要支柱力量。

三、比较评价

从城市综合竞争力看,根据芯思想研究院2020年对中国内地30座城市从产业规模、GDP规模、产业链支撑、市场需求、政策支持、创新能力六个方面进行评估形成的集成电路产业竞争力排行结果,前10名依次是上海、北京、深圳、无锡、成都、西安、武汉、合肥、南京、苏州,广州尚未进入第一梯队,综合竞争力不足。(见表8-2)

表8-2 城市集成电路产业竞争力排名

排名	城市	排名	城市
1	上海	6	西安
2	北京	7	武汉
3	深圳	8	合肥
4	无锡	9	南京
5	成都	10	苏州

数据来源：芯思想研究院。

从产业链各环节的竞争力来看，根据中国半导体行业协会发布的2018年中国集成电路各产业环节的十大（强）公司榜单结果，在产业链的集成电路设计、集成电路制造、集成电路封测、半导体材料、半导体设备、半导体功率器件、半导体MEMS（微机电系统）7个主要环节中均无广州企业上榜。（见表8-3）

表8-3 2018年全国集成电路企业前10名

排名	集成电路设计	集成电路制造	集成电路封测	半导体材料	半导体设备	半导体功率器件	半导体MEMS
1	海思半导体	三星（中国）	新潮科技	康强电子	中微半导体	扬杰科技	歌尔声学
2	紫光展锐	英特尔（大连）	华达微电子	金瑞泓	北方华创微电子	华微电子	瑞声声学
3	豪微科技	中芯国际	华天电子	深南电路	中电科电子装备	华润华晶微电子	苏州敏芯微
4	北京智芯微	SK海力士（中国）	恩智浦半导体	国盛电子	盛美半导体	苏州固锝	河北美泰电子

续表 8-3

排名	集成电路设计	集成电路制造	集成电路封测	半导体材料	半导体设备	半导体功率器件	半导体MEMS
5	华大半导体	上海华虹	威讯联合半导体	新傲科技	芯源微电子	乐山无线电	美芯半导体
6	中兴微电子	华润微电子	三星电子（苏州）	有研半导体	—	瑞能半导体	苏州明传感
7	汇顶科技	台积电（中国）	全讯射频科技	中船重工718所	—	常州银河世纪	上海矽睿科技
8	士兰微	和舰芯片	安靠封装测试	达博焊料	—	捷捷微电	苏州迈瑞微
9	北京矽成	西安微电子	海太半导体	江丰电子	—	北京燕东微电子	苏州纳芯微
10	格科微	武汉新芯	晟碟半导体	有研亿金	—	—	苏州感芯微

数据来源：中国半导体行业协会。

第三节 人工智能产业

一、广州人工智能产业

人工智能在新一轮科技革命中居核心地位，是基础性数字经济的核心领域。广州早在2018年就提出要打造人工智能千亿级产业集群，成为影响全球、引领全国的产业集聚区，并提出到2022年，全市人工智能产业规模年均增长将达15%以上，总规模将近1200亿元。目前，广州人工智能产业综合实力在全国处于第一梯队，特别是在机视觉领域、服务机器人领域、语音及自然语言处理领域等部分行业细分领域拥有较强的比较优势。

第一，人工智能与数字经济试验区建设稳步推进。广东省推进粤港澳大湾区建设领导小组印发了《广州人工智能与数字经济试验区建设总体方案》，聚焦琶洲、大学城、国际金融城、鱼珠，构建起"一江两岸三片区"空间格局；以琶洲为核心，引入了腾讯、阿里、小米、科大讯飞、YY、唯品会、树根互联等龙头企业项目，聚焦"数字＋会展＋总部"融合创新的产业新高地，全力打造粤港澳大湾区重要特色产业平台。

第二，人工智能应用和发展环境逐步完善。市工业和信息化局（以下简称"工信局"）引导社会资本设立"新一代信息技术、人工智能、工业互联网、物联网、生物医药"等多个百亿级产业基金，重点支持IAB（新一代信息技术、人工智能、生物医药）产业发展；在人工智能技术的应用方面，形成了智慧医疗、智慧交通、智慧电网、智慧金融等代表性的应用场景，城市智能化水平进一步提升。

第三，人工智能产业空间格局逐渐形成。随着IAB计划的推进，广州市各区加快布局人工智能产业，目前，全市承接人工智能产业的产业区块共有26个，累计园区面积253.77平方千米，其中黄埔区6个、番禺区6个、增城区6个、白云区2个、南沙区2个、从化区2个、越秀区1个、花都区1个。

第四，广州人工智能产业发展空间巨大。根据中国信通院、德勤等机构的数据，广州与北京、上海、深圳、杭州4个国内人工智能发展较好的城市2018年的情况进行对比，在与人工智能相关的关键指标方面，广州的核心企业数量排第五、初创企业获得的融资金额排第五、人工专利数量排第三、人才排第五、城市智慧生活便捷度排第四、智能城市管理排第五，6项指标中，有4项排在第五，有待前进。

二、先进城市集成电路产业

1. 上海

在人工智能领域，截至 2019 年年底，上海拥有的 AI 企业数占全国的 20.3%，居全国第二，居世界第四。AI 领域重点企业有 1116 家，2019 年规模以上企业产值约 1477 亿元，比 2018 年增长 10.7%。其中 183 家规模以上企业 2018 年总规模（产值）达到 1339.78 亿元。超过 1/3 的 AI 人才集中在上海，居全国第一。上海还拥有一批著名的总部企业、人工智能研究机构。（见表 8-4）

表 8-4　上海人工智能领域主要状况①

类型	主要表现
知名企业	腾讯长三角 AI 超算中心、美的集团第二总部项目及人工智能研发中心、北杨人工智能小镇、IBM 人工智能创新中心、云从科技、图森未来、芯原股份、恩智浦、商汤科技
研究机构	上海有复旦大学计算机科学技术学院、华东理工大学信息科学与工程学院、上海交通大学电子信息与电气工程学院、复旦大学类脑智能科学与技术研究院、公安部第三研究所、同济大学人工智能研究所、上海理工大学上海人工智能研究院、上海交通大学人工智能研究院、上海产业技术研究院、中国电信上海研究院、上海脑科学与类脑研究中心、上海工业自动化仪表研究院、复旦大学脑科学研究院、中国科学院上海分院、复旦大学类脑芯片与片上智能系统研究院、中国科学院上海生命科学研究院、中国科学院上海高等研究院智慧城市研究中心、中国科学院神经科学研究所、华东政法大学人工智能与大数据指数研究院这 19 家人工智能科研究所。另外，顶级实验室有上海交通大学智能计算与智能系统重点实验室、上海师范大学数理学院人工智能实验室、腾讯优图实验室

---

① 资料来源：笔者根据媒体报道自行整理。

续表 8-4

类型	主要表现
园区布局	徐汇区主要发展智能医疗、智能新品设计和智能安防，长宁区主要发展智能识别和智能零售，闵行区主要发展智能识别和智能医疗，松江区主要发展智能制造和类脑智能，宝山区主要发展智能硬件，杨浦区主要发展智能教育和智能识别，普陀区主要发展智能安防和智能硬件，浦东新区主要发展智能芯片设计、智能语音识别和智能制造
共性平台	类脑芯片与片上智能系统平台、同济大学 CIMS（计算机/现代集成制造系统）研究中心、复旦脑科协同创新中心、脑与类脑智能国际创新中心、上海交通大学认知与计算健康研究中心

2. 北京

北京在人工智能政策方面优势明显。自 2016 年以来，北京发布了多项相关政策文件以及服务措施，大力支持人工智能产业发展。2017 年年底，北京市委、市政府发布了包括《关于加快培育人工智能产业的指导意见》在内的十大高精尖产业发展指导意见。中关村科技园区管理委员会（以下简称"中关村管委会"）发布了《中关村国家自主创新示范区人工智能产业培育行动计划（2017—2020 年）》。在产业环境营造、资金支持、人才服务等方面对人工智能产业给予了全方位保障。

北京人工智能产业规模超过 1500 亿元，"独角兽"企业约占全国的 1/2。《北京人工智能产业发展白皮书（2019 年）》显示，截至 2019 年 4 月，全国人工智能企业 4084 家，北京人工智能相关企业数量达 1084 家，占全国人工智能企业总量的 26.5%；全国获得过风险投资的人工智能企业有 1259 家（含 31 家上市公司），其中北京获得过风险投资的人工智能企业有 442 家（含 12 家上市公司），占比 35.1%。同时，北京市人工智能企业一半以上仍处于初创期，具有创新发展潜力。2000 年以来，人工智能企业数量逐年递增，特别是 2014 年以来，进入了加速阶段，人工智能成为企业

创新创业的热点领域。(见表8-5)

表8-5 北京人工智能企业成立时间分布

时间	2000年之前	2000—2005年	2005—2009年	2010年	2011年	2012年	2013年	2014年	2015年	2016年	2017年
新成立企业数量（家）	16	41	99	25	41	50	76	146	226	237	116

资料来源：《北京市人工智能产业白皮书（2018年）》，北京市经济和信息化委员会2018年6月30日发布，第8页。

北京具有强大的人才优势。北京大学、清华大学、北京航空航天大学、中国科学院（以下简称"中科院"）自动化研究所、中科院计算技术研究所等全国过半数人工智能骨干研究单位都聚集在北京，拥有模式识别国家重点实验室、智能技术与系统国家重点实验室、深度学习技术及应用国家工程实验室等10余个国家重点实验室。除高校和国家重点实验室之外，一批科技企业也纷纷成立人工智能实验室或研究院，促进了人工智能技术的快速发展和迭代。据北京市人力资源研究中心发布的数据显示，截至2015年年底，北京地区人才资源总量达到651万，人才从业密度高达54.9%；拥有"两院"院士（中国科学院院士和中国工程院院士）756名，约占全国1/2；国家"万人计划"入选者682名，占全国比重超过1/4；在人工智能专项领域，目前我国人工智能人才最集中的前10位的雇主，高等院校占据4席，分别为清华大学、北京大学、中科院和浙江大学，北京独占3席。

三、比较评价

从全球看，CB Insights公司从全球范围内3000多家人工智能创业公司中选出最有发展前景的100家公司，形成全球100强人工智能初创企业排行榜,并在专利、投资、新闻分析、市场潜力、合作伙伴关系、竞争格局、团队实力和技术新颖性等方面也形成了评判标准。2017年的该排行榜,来自中国的企业有4家,包括碳云智能、出门问问、rokid、优必选;到2018年增加到了7家,包括今日头条、商汤科技、旷视、英语流利说、出门问问、寒武纪、优必选;2019年的排行榜中,上榜的企业从国家分布上来看,有77家都位于美国,23家在美国以外,其中有6家位于中国,分别是商汤科技、旷视科技、依图科技、第四范式、地平线机器人、初速度;2020年,中国有6家企业上榜,包括创新奇智、禾多科技、追一科技、第四范式、松鼠ai和蓝胖子机器人。然而,在这4年内上榜的中国企业中,均无广州本土企业。

从全国看,根据亿欧智库发布的"2018年中国人工智能产业发展城市排行榜"榜单,从企业规模、政策基础、学术基础、产业基础、资本环境五个维度评判AI在不同城市的发展情况看,北京、上海、深圳、杭州、广州排名前五,南京、成都、天津、合肥、武汉分列六到十位。

从人工智能行业的关键技术环节来看,计算力是承载和推动人工智能走向实际应用的基础平台和决定性力量。根据IDC(国际数据公司)与浪潮集团联合发布的《2019—2020中国人工智能计算力发展评估报告》结果,2019年中国人工智能计算力城市排行榜前5名的城市依次为北京、杭州、深圳、上海、广州,排名第6至10名的城市依次为合肥、苏州、重庆、南京、西安。跟2018年相比,北京超越杭州位居第一位,广州进入第一梯队。(见表8-6)

表8-6 人工智能计算力前10位城市排名

排名	2018年	2019年
1	杭州	北京
2	北京	杭州
3	深圳	深圳

续表 8-6

排名	2018 年	2019 年
4	上海	上海
5	合肥	广州
6	成都	合肥
7	武汉	苏州
8	重庆	重庆
9	广州	南京
10	贵阳	西安

数据来源：IDC、浪潮集团。

从新技术发展看，广州在个别领域形成了突破，但对比先进城市尚未形成系统性优势。在首都科技发展战略研究院发布的"2018 年中国城市科技创新指数"[①]中，广州排名落后于北京、深圳、上海，其中北京具有绝对领先优势，在创新资源、创新服务和创新绩效三个一级指标方面均排名第一。自 2014 年以来，麻省理工学院每年通过其《麻省理工科技评论》选出全球十项突破性技术，并就入选技术中的主要研究机构进行排名。2018 年，该杂志发布了中文榜单，评选结果显示，共有 19 家中国机构参与了全球十大突破性技术研究，其中北京有 7 家，遥遥领先于其他城市，深圳、杭州也各有 3 家，而上海、广州仅各有 1 家上榜（见表 8-7）。

---

① 首都科技发展战略研究院发布了《中国城市科技创新发展报告 2018》，从创新资源、创新环境、创新服务、创新绩效四个维度对包括 36 个省会城市及副省级城市、253 个地级市在内的 289 城市进行了测度排名。

表8-7 2018年麻省理工学院评选的十大突破性技术主要研究者（中国）

城市	机构	领域
北京	百度	人工智能
	第四范式	人工智能
	旷视科技	人工智能
	清华大学	人工智能
	商汤科技	人工智能
	搜狗	人工智能
	中国科学院	量子科技、人工智能、生物科技
上海	依图科技	人工智能
广州	云从科技	人工智能
深圳	WeGene	生物科技
	华大基因	生物科技
	腾讯	人工智能
杭州	阿里巴巴	量子科技、人工智能、智能城市
	奕真生物	生物科技
	浙江大学	量子科技
合肥	科大讯飞	人工智能
	中国科技大学	量子科技
哈尔滨	哈尔滨工业大学	人工智能
苏州	苏州大学	人工智能

第四节　大数据产业

一、广州大数据产业发展情况

复杂异构多维的大数据生产除了带来匹配精度的提高及去中间品化的生产组织方式，也带来了技术上的变革。[①] 大数据是数字经济的核心内容和重要驱动力，数字经济使大数据价值全方位体现在企业生产运行中，并形成新的要素运行机制（见图 8-1），改变了企业价值形态。近年来，广州大数据技术、产业与服务已经成为新兴热点，并由此产生出新产业、新消费、新组织形态，涌现出一批行业领先的数据技术企业，如鼎甲、三盟、蓝盾、广电运通、中国电信广东公司、南方电网传媒等，这些企业入选了工信部 2018 年大数据产业发展试点示范项目；汇量信息、万丈金数、互动派、佰聆数据、拓尔思、思迈特等 13 家企业入围了 2019 年广东省大数据领域软件业务收入前 20 家企业名单；京华信息科技、佳都新太、虎牙信息科技等 21 个案例入选了"2019 年广东省优秀大数据案例 TOP30"；有米科技、酷狗、工信部电子五所等 6 家单位的案例成功入选了 2019 年中国国际大数据产业博览会"百家大数据优秀案例"。

国家超算广州中心服务用户总数已超过 3000 家，在大气海洋环境、天文地球物理、工业设计制造、新能源新材料、生物医药材料、指挥城市云计算等大科学、大工程、新产业领域取得了一系列重大应用成果。

[①] 参见张鹏《数字经济的本质及其发展逻辑》，载《经济学家》2019 年第 2 期，第 25～33 页。

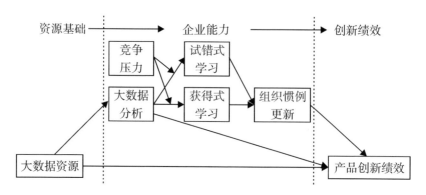

图 8-1 数据成为生产要素的企业实现机制模型①

大数据产业园区和平台建设提质。黄埔区、番禺区被列为广东省大数据综合试验区培育对象（数量占全省的1/3），独角兽牧场、天河大数据产业园共 2 个大数据创业创新孵化园入选为省级第二批大数据创业创新孵化园项目；天河区"互联网+"、黄埔区"互联网+电商"、海珠区广州 TIT 纺织服装创意园"互联网+创意"共三个省级"互联网+"小镇错位发展；航天云网"工业大数据应用技术国家工程实验室"、亚太信息引擎、中国电信沙溪云计算中心、广州云谷南沙数据中心、中国移动（广州）数据中心等一批云计算和大数据中心发展进程顺利。大数据已经成为广州数字经济的重要支撑，也带动了创业创新浪潮、产业转型升级、经济提质增效。

二、国内先进城市大数据产业发展状况

1. 上海

在大数据领域，上海积极贯彻国家的大数据的发展战略，早在

---

① 参见谢康、夏正豪、肖静华《大数据成为现实生产要素的企业实现机制：产品创新视角》，载《中国工业经济》2020 年第 5 期，第 42～60 页。

2013年就出台了上海推进大数据研究与发展三年行动计划,上海大数据产业的发展已经形成了集聚态势。产业集群领域方面,上海在静安、杨浦等区域设立了大数据产业基地;产业技术创新方面,上海交通大学、同济大学、复旦大学、华东理工大学等10多所高校和研究院所先后建立了大数据研究院和研究中心,加上上海华东电信研究院、上海开源大数据研究院和上海超级计算中心等机构,在一些大数据的关键技术和核心产品方面有所突破。(见表8-8)

到2019年,全市大数据核心企业已突破700家。到2020年上半年,商业数据交易占全国公开交易量的一半以上。

在行业企业方面,上海的大数据企业主要集中在资源整合、技术开发、应用服务等大数据专业知识服务价值链环节,产业附加值高、辐射带动能力强,涌现出星环、经尔纬、华院、星红桉、晶赞等一批在专业领域具有一定影响力的大数据企业。

表8-8 上海大数据主要情况

类型	主要表现
大数据企业数量	超过700家
区域分布	静安区主要大数据产业基地有国家新型工业化大数据示范基地、上海市大数据产业基地、公共数据开放基地,杨浦区有上海市大数据创新基地,徐汇区有公共数据开放基地,浦东新区有公共数据开放基地,闵行区有长三角大数据辐射基地
科研院所	华东师范大学科学与工程研究院、复旦大学大数据研究院、上海华东电信研究院、上海开源大数据研究院和上海超级计算中心

续表 8-8

类型	主要表现
功能平台	上海大数据中心、上海亚马逊 AWS（亚马逊网络服务）联合创新中心、上海数据交易中心、上海市大数据产业基地、旅游大数据联合创新实验室、上海大数据应用创新中心、城市管理大数据联合创新实验室、上海市大数据创新基地、大数据流通与交易技术国家工程实验室、同济大学 CIMS 研究中心、上海大数据金融创新中心、同济大学大数据与网络安全研究中心、上海新能源汽车公共数据采集与监测研究中心、能源大数据联合创新实验室、交通大数据联合创新实验室、金融大数据联合创新实验室、医疗大数据应用技术国家工程实验室、上海交通大学大数据工程技术研究中心、大数据联合创新实验室（医疗）

数据来源：上海市经济和信息化委员会。

2. 北京

在大数据领域，北京是我国数字经济的领头羊，基础性数字经济企业集聚、人才众多、研发机构和平台集聚，大数据发展总指数全国排名第一，人工智能产业链环节最齐全、产业集聚态势最明显。北京大数据产业发展迅速，产业规模不断扩大，产业技术优势明显、基础设施完善、公共大数据开放，应用广度和深度不断拓展。2016 年，北京大数据企业营收规模达 1113.1 亿元；2019 年增至 2179.5 亿元，同比增长 26.9%（见表 8-9）；预计 2020 年北京大数据企业营收规模将达 2600 亿元以上。根据《北京市大数据和云计算发展行动计划 2016—2020 年》，到 2020 年年底，北京要实现公共数据开放单位覆盖率超过 90%，数据开放率超过 60%，以数据服务为代表的相关业态将成为经济增长新引擎，力争实现收入 1000 亿元，将自身打造为国内领先、国际一流的大数据和云计算创新中心、应用中心和产业高地。

表 8-9　北京大数据企业营收规模及增长率情况

指标	2016 年	2017 年	2018 年	2019 年
营业收入（亿元）	1113.1	1311.3	1602.1	2179.5
增长率（%）	17.4	33.1	39.6	26.9

数据来源：北京市经济和信息化局。

三、比较评价

北京大数据研究院发布的《2020 中国大数据产业发展指数》显示，北京、深圳、上海、广州、杭州排名前五，是全国大数据产业发展的第一梯队。该评估指标涵盖产业政策与环境、产业规模与质量、头部企业情况、产业创新能力及产业投资热度五个维度，基于北京大数据研究院大数据企业库中收录的 6634 家大数据企业数据和相关合作方数据，系统地评估了 134 个城市的大数据产业发展情况。其中，北京大数据产业发展综合水平位居第一，在五个维度中均以绝对优势领先。深圳位列第二，五个维度发展都比较均衡，产业发展潜力大。上海与北京类似，仅头部企业得分相对较低，其他维度得分较高。广州大数据产业五个维度相对均衡，头部企业指标得分较低。（见表 8-10）

表 8-10　2020 中国大数据产业发展指数城市排名前 20 强

排名	城市	得分	排名	城市	得分
1	北京	0.96365	6	南京	0.55504
2	深圳	0.82773	7	武汉	0.53818
3	上海	0.79881	8	天津	0.53057
4	广州	0.64611	9	成都	0.52457
5	杭州	0.64483	10	苏州	0.51913

续表 8-10

排名	城市	得分	排名	城市	得分
11	重庆	0.51080	16	福州	0.46645
12	合肥	0.50958	17	无锡	0.45294
13	厦门	0.49442	18	西安	0.41719
14	贵阳	0.47298	19	青岛	0.41262
15	郑州	0.47266	20	长沙	0.41000

数据来源：北京大数据研究院。

第五节 主 要 结 论

一、数字经济基础理论与技术研究相对落后或欠缺

数字经济是高技术、高科技行业，代表了人类科技的最前沿领域，基础理论和技术研究无疑是开启新科技革命的关键和核心。当前的数字技术发展水平和数字时代的发展阶段也是相互映衬的，都处于初级阶段，技术大爆发、广泛运用的阶段还没有到来。如在人工智能领域，当前全球技术攻关主要集中在机器学习、计算机视觉、知识工程、自然语言处理、语音识别、计算机图形学、多媒体技术、人机交互技术、机器人、数据库技术、可视化技术、数据挖掘、信息检索与推荐 13 个领域，顶尖人才团队主要集中在美国，且颠覆性的技术都还处于探索阶段，而中国的相关人才和技术主要分布在北京、上海、深圳，且大部分技术并非处于国际顶尖水平。在大数据领域中，现有理论和技术无法有效应对指数级增长的大数据，需要新理论、新数学、新技术、新装置、新工艺。在区块链领

域中，技术创新还远未成熟，加密技术、智能合约、分片、跨链、侧链等关键技术仍处于试验或试用阶段，程序和代码上的漏洞仍是全球性难题，离大规模商业化应用还有很长阶段。在这一全球技术背景下，广州虽然起步并不晚，但主要是"跟随者"，最为缺乏的仍然是顶尖的科学家以及颠覆性技术，从而导致了在人工智能产业领域缺乏革命性产品，更多的是利用现有人工智能技术对传统行业产品的改良。并且从横向对比来看，广州数字经济领域的技术和产业落后于北京、上海及全球一流水平，尤其是在人才储备、基础研究、产业链等方面存在较大进步空间。

二、支撑数字基础性产业可持续发展的潜在优势未充分释放

数字技术的创新成果需要融合到实体经济社会发展中才能发挥其对人类社会进步的巨大促进作用，同时，社会各部门对该成果的广泛运用反馈作用于数字技术，也有利于数字技术的持续创新，二者相互促进、相互支撑。2019年年末，广州常住人口超过1530万人，人均地区生产总值超过2万美元，具有广阔的市场需求优势，拥有丰富的数字技术应用场景，能够产生巨量的数字资源，为数字基础性产业的创新发展提供了天然基础支撑。广州还具有较为完整的产业链优势，特别是在商贸领域、电子信息制造、汽车制造、石化领域，都是数字技术、数字经济可以广泛拓展的产业环节，这些成了吸引数字企业加快扎根广州的强有力因素。同时，广州还具有基础创新资源优势，尤其是高校、各类技术创新平台等的数量位居全省首位，为技术创新提供了必要的创新人才、技术培育支撑。然而，这三大优势的作用目前还未充分释放，数字技术的场景应用创新方案、市场应用模式还在逐步探索中，影响数字资源开放共享、创新应用的壁垒还有待去打破，数字技术与产业升级的衔接流程、标准、工艺、网络构建都还未形成成熟路径，人才数字化能力教育水平还有待提升。

三、多领域存在的"数字鸿沟"影响了数字技术创新的效率

事物是普遍联系的,基础性数字经济的核心是数字技术,但影响技术创新的因素极多,在全球范围内,广州还不是数字技术创新的重要发源地,这也与多领域中存在的"数字鸿沟"相关。数字鸿沟不仅存在于技术创新能力方面,也广泛存在于人才培养、科研体系、市场竞争性、金融环境、创新文化氛围、政府政策、法治环境等多个方面,这些因素对数字技术的创新起到了重要的支撑和促进作用,全球创新能力较强的地区和城市都在对这些环节进行改革和塑造。广州虽然在上述方面已经积累了很大优势,但在与基础性数字经济紧密关联的环节还需要努力提升,如在科研体系方面,与数字技术相关的创新机构、创新团队还相对较少,仍主要集中在商业应用领域;产学研体系还未被高效率地"打通"。

第九章 广州制造业数字化转型

制造业数字化转型是全球数字经济发展的主战场。数字化制造是把创新成果与经济社会各领域深度融合,推动技术进步、效率提升和组织变革,提升实体经济创新力和生产力,形成更广泛的以互联网为基础设施和创新要素的经济社会发展新形态。随着数字新技术、新业态的发展,制造业数字化转型活动已经在全球开展。广州制造业基础强大,完全有能力、有必要推动数字经济与实体经济深度融合,加快制造业数字化转型,为加快建设制造业强国做出贡献。

第一节 制造业数字化转型的基本内涵与主要影响

一、制造业数字化转型的基本内涵

近年来,关于制造业数字化转型的研究越来越成为各界关注的焦点领域,特别是在我国作为全球制造大国的背景下,数字化转型的需求更为迫切。综合比较各方研究观点,我们认为,制造业数字化转型是从产业发展的方向层面表述的一种状态,而不是一种名词性定义,"智能制造"更加能够从语义层面概括出制造业数字化转型的最终目标。关于"智能制造"的理论研究较多,该词最早出现在1988年美国P. K. 赖特(P. K. Wright)和 D. A. 伯恩(D. A. Bourne)的 *Manufacturing Intelligence* 一书中,该书认为,智能制造是利用集成知识工程、制造软件系统及机器人视觉等技术,在没有人工干预条件下由智能机器人独自完成小批量生产任务的过程。自这一概念提出后,很多国家开始关注和重视关于智能制造的研究。

我国也在20世纪90年代开始研究智能制造。宋天虎、杨叔子、吴波、熊有伦、卢秉恒、李涤尘等学者都对其概念进行了研究，中国机械工程学会、国家发展和改革委员会（以下简称"国家发改委"）、广东省经济和信息化委员会（以下简称"广东省经信委"）等也都对相关产业、业态范围进行了明确。

总体而言，由于智能制造本身是个发展中的较宽泛、跨产业、新形态的概念，还无法直接界定其全貌，也还没有公认的概念及准则。国家也尚未明确发布统一的智能制造行业标准、产业目录等细则。我们认为，制造业数字化转型是指面向产品全生命周期实现泛在感知条件下的信息化制造，是将制造技术与新一代信息技术、人工智能、云计算、大数据、区块链等新兴技术体系集成应用于产品研发设计、生产制造、管理和服务的全生命周期，实现产品设计过程、制造过程和企业管理及服务的智能化，是信息技术、智能技术与制造技术的深度融合与集成，也可以称为智能制造。从制造业数字化转型实现的阶段演进角度看，转型过程可以分为五个阶段：即单体智能阶段、区域设备互联阶段、区域数据透明阶段、区域系统集成阶段和信息物理融合阶段。各阶段都有其不同的、更加高级化的特征。（见表9-1）另外，制造业数字化的环节划分如表9-2所示。

表9-1 制造业数字化转型实现的阶段演进

制造业数字化转型的演进阶段	主要特征
单体智能阶段	单机自动化设备实现智能控制
区域设备互联阶段	组建智能化设备集群
区域数据透明阶段	数据采集、实时监控，通过组态和工控中心的形式推进
区域系统集成阶段	ERP/MES及人工界面、组态集成

续表 9-1

制造业数字化转型的演进阶段	主要特征
信息物理融合阶段	对大规模复杂系统和广域环境进行实时感知和动态监控

表 9-2　制造业数字化的环节划分①

产业形态	细分领域	行业及技术细分
智能制造装备与系统	智能机器人	1. 工业机器人、服务机器人整机或系统集成方案等； 2. 减速器、伺服电机、驱动器和控制器等关键零部件
	智能测控装置与部件	3. 智能传感器、高端仪器仪表、在线检测分析装置、精密传动装置、变频装置、安全检测与预警系统等
	智能制造装备	4. 中高档数控机床、智能精密注塑机等； 5. 纺织、建材、造纸、食品、医药、冶金、家电、机械加工等行业制造过程所需的智能成套装备等
	工业软件系统	6. 工业软件与控制系统〔DCS（分散控制系统）、PLC（可编程逻辑控制器）〕、智能识别系统、运程监控系统、定位遥感系统等； 7. 嵌入式软件、中间件、管理工具等软件

---

① 笔者根据《广东省经济和信息化委员会办公室关于开展广东省智能制造发展规划（2015—2025）编制工作调研的通知》（粤经信办函〔2015〕21号）整理而得。

续表 9-2

产业形态	细分领域	行业及技术细分
智能制造相关产业体系	工业控制芯片与集成电路	1. 工业控制芯片与集成电路
	关键材料与基础部件	2. 与智能制造相关的功能材料、纳米材料、增材制造材料等； 3. 传感器、高性能液压件、高速精密轴承等基础元器件
制造业智能化升级	制造业智能化改造	1. 设备换人技术改造、数字化车间、智能生产线、智能工厂等
	绿色制造	2. 制造工艺绿色化规划与设计，产品全生命周期管理、能耗在线监测和管理，智能变频节能调速、加工余量控制，等等
智能产品	智能家居家电及智能终端	1. 智能家电等家居产品； 2. 移动智能终端、可穿戴设备等
	其他	3. 智能汽车、智能无人机、行业应用电子等
服务型制造新业态	生产性服务业	1. 工业设计、面向生产的电子商务、智能物流等
	智能产品应用服务	2. 智能产品应用服务
	服务业态与商业模式	3. 网络制造，以及大数据、物联网、云计算、移动互联网等新一代信息技术在制造业中的应用等

二、制造业数字化转型的主要影响

制造业数字化转型将对整个产业体系产生颠覆性影响,归纳起来,至少表现在以下四个方面。

1. 将推动制造业生产方式变革

基于互联网、物联网、云计算、大数据、智能制造装备的制造业数字化转型或者说智能制造具有更快和更准确的感知、反馈和分析决策能力,更加能够满足个性化的市场需求,进行柔性化的产品生产。与当前全球制造业普遍采用的大规模、流水线、标准化订单生产方式不同,智能制造将使个性化产品的大规模定制成为可能。

2. 将促进全球地域分工和供应链重塑

数字经济使得"范围经济"得以扩张和发展,使生产和流通中的"长尾效应"得以发挥,使分工专业化水平得以提升。[①] 智能制造将人机交互、智能物流管理、人工智能等先进技术应用于整个生产过程,使得企业能够在全球范围配置和优化资源,新一代信息技术将催生虚拟产业集群,使全球供应链管理向网络化和虚拟化转变,并使产业组织结构从传统的大企业主导型和供应链主导型向产业生态型转变。传统的大型生产厂商将面临数以万计的小型生产者的挑战,"长尾效应"更加突出,有可能促使现有的全球"金字塔式""中心-外围"世界分工体系向扁平化、网络化转变。

3. 可能加速弱化发展中国家的要素成本优势

数字技术的应用必然会提高劳动生产率,减少劳动在工业总投入中的比重,发展中国家的要素成本比较优势则可能会加速弱化。以中国与美国的对比为例,中美劳动力成本之间的差距将快速缩小,而且中国还面临着劳动年龄人口净减少的巨大挑战,现存的劳动年龄人口内部也正在出现老化现象,劳动力供应不再充裕,支撑

---

① 参见郭晗、廉玉妍《数字经济与中国未来经济新动能培育》,载《西北大学学报(哲学社会科学版)》2020年第1期,第65~72页。

中国经济形成比较优势的人口红利将削弱，这必然会对中国"全球工厂"的优势形成挑战。美国在能源方面具有价格优势、物流成本优势、技术创新优势，其发展制造业的比较劣势会逐渐减弱，而我们的比较成本优势在一定程度上可能会逐步减弱。

4. 可能对发展中国家的产业转型升级形成抑制效果

数字技术的应用提升了制造环节的价值创造能力，使得制造环节在产业价值链上的地位将变得与研发、营销、管理服务同等重要，传统的"微笑曲线"有可能变成"沉默曲线"甚至"悲伤曲线"。发达工业国家不仅可以通过发展工业机器人、高端数控机床、柔性制造系统等数字化产品控制新的产业制高点，而且可以通过数字技术提高传统产业的生产效率。这些国家对制造业的重塑和实体经济优势将因智能制造的出现而面临窗口性机遇，曾经为寻找更低成本要素而从发达国家转出的生产活动有可能向发达国家回溯，导致制造业重心再次向发达国家偏移，"雁阵理论"所预言的后发国家产业赶超路径可能被封堵。

三、制造业数字化转型的基本趋势

智能制造是数字经济发展的主阵地，[①] 未来，人们通过实施"互联网+"计划，将推动经济模式创新、新应用拓展、新技术突破、新服务创造和新资源开发，互联网与传统制造业的融合程度将越来越高，制造业智能化升级将达到新水平。

1. 工业互联网平台将成为发展的关键

工业互联网平台一头连着制造，一头连着互联网，是互联网和制造业融合发展的纽带。伴随着新一代信息通信技术和制造业的融合发展，将有更多领军企业围绕"智能机器+云平台+工业App（手机软件）"功能架构，整合"平台提供商+应用开发者+用户"

---

① 参见李艺铭《当前中国数字经济发展阶段和核心议题》，载《科技中国》2019年第5期，第63～66页。

生态资源，打造基于工业互联网平台的制造业生态，不断巩固和强化制造业的垄断地位，抢占全球新一轮产业竞争的制高点。可以预见，未来将有一批跨行业、跨领域的工业互联网平台、企业级工业互联网平台、工业App涌现出来，推动以互联网为代表的新一代信息通信技术从消费环节向制造环节扩散、从提高交易效率向提高生产效率延伸、从推动制造资源的局部优化向全局优化演进。

2. 制造业的组织生产模式将发生大变革

面向未来，产业跨界融合的趋势将更加明显，智能化、集成化的步伐不断加快，数字经济、人工智能、区块链、物联网技术将为制造业的发展注入新活力。制造业经过人工智能、云计算、大数据、物联网的深度融合改造，将形成一个以智能工厂为载体、以物联网为驱动的新产品、新模式、新业态，以及以信息数据流为核心驱动，各生产要素之间端到端无缝协作的智能制造生态系统。可以预见，制造业服务化、个性化定制、组织分散化、制造资源的云化将成为制造业数字化转型升级的重要方向。

3. 数字化运行将为制造业产业链整体转型升级提供新路径

随着以物联网、传感网、工业互联、3D（三维）打印、机器人等为代表的智能设备与技术，以及人工智能、云计算和大数据等信息技术的大量涌现，大型制造企业、电信企业和互联网企业积极构建基于数字化的开放式共享平台，这将加速制造业大企业以信息化、数字化手段整合产业链上下游中小企业，推动产品在研发设计、生产网络控制、供应链智能化等环节协同运营，从价值创造和效率提升两方面助推高端制造产业链重塑，为大中小企业协同发展提供新路径。

4. 多方共同参与将强化制造业转型升级的驱动力

未来，制造业产业链、价值链、供应链的参与主体将更加多元化，共享合作、跨界合作将成为主要形式，企业将更加注重发挥多方合力，整合生产主体、消费主体、创新主体、共性平台主体等多方资源，共同推动制造业数字化发展。另外，战略编制和实施过程将更加强调发挥多方合力，并且产学研合作会更加富有黏性。企业、协会、科研机构以及高校等利益相关方也会参与到战略制定和实施过程中，形成既分工明确，又共享交叉的行动计划，进而生成多方共同参与制定政策的有效合作机制。

第二节　广州制造业数字化转型升级的主要基础与挑战

一、主要基础

广州在工业数字化方面走在全国前列。2018年12月，广州市人民政府办公厅印发了《广州市深化"互联网+先进制造业"发展工业互联网的行动计划》。广州是全国5个顶级节点之一，是粤港澳大湾区范围内唯一的工业互联网标识解析国家顶级节点城市。工业互联网的应用已经十分广泛，制造业与工业互联网的融合不断深化，工业企业也已经积极应用工业互联网技术，上云上平台建设资源集聚和类型多样的工业互联网和打造工业互联网创新发展体系，拥有工信部认定的1个服务型制造示范企业，1个服务型制造示范平台。企业智能化和信息化改造加快推进，广州从2014年开始大力引导工业企业应用工业机器人、智能装备、智能工厂和解决方案，截至2020年，80%的规模以上工业企业完成了技术改造。服务型制造新业态快速发展，2018年10月，广州成为全国首批6个创建服务型制造示范城市之一，个性化定制走在全国前列，是全国家具定制和汽车定制的标杆。另外，广州互联网基础设施国内领先，是我国三大信息枢纽城市之一，软件信息业务较为发达，工业互联网平台建设在国内取得了相对领先的优势，政策支持力度逐步加大，这些都为制造业的数字化转型提供了必备的条件和环境。但在从工业时代转向数字时代的进程中，广州面临的挑战更为艰巨。

总体上，与国内外城市相比，广州的工业数字化具有自身的特色，不仅属于国家5个工业互联网标识解析国家顶级节点城市之一,还拥有作为全国"定制之都"的特色工业服务型制造新业态(见表9-3),但在跨行业跨领域工业互联网平台、服务型制造示范企业、项目和平台的建设以及工业互联网平台建设政策仅限于先进制造业方面,还有所欠缺。

表9-3 2020年广州与其他先进城市工业数字化比较

项目	广州	北京	上海	深圳	杭州
政策(项)	1(先进制造业)	1	3	2	无
工业互联网标识解析国家顶级节点城市	是	是	是	否	否
跨行业跨领域工业互联网平台(个)	0	3	2	1	1
服务型制造示范城市(个性化定制)	家具和汽车	无	无	无	无
服务型制造示范企业(个)	1	2	0	0	0
服务型制造示范项目(个)	0	3	0	0	3
服务型制造示范平台(个)	1	1	2	4	2

资料来源:笔者自行整理。

二、主要挑战

1. 制造业处于工业化中后期

与部分发达国家制造业先进城市在工业 3.0[①] 基础上迈向工业 4.0 不同,广州制造业还有相当一部分停留在工业 3.0 甚至 2.0 阶段,只有部分领先行业接近工业 4.0 的少部分环节,还需要处理好 2.0 普及、3.0 补课和 4.0 赶超的阶段跨越关系。(见图 9-1)以装备制造为例,企业生产主要集中在集成组装,综合集成水平相对较高,生产过程大部分采用电子信息化工序、电气化与自动化工序;汽车、纺织服装等行业以劳动密集型与资本密集型的混合形态为主,半自动化、少部分的人机结合(人工+机器人)模式已经有所应用。而新一代信息通信技术与制造业的深度融合还处于萌芽起步阶段,智能车间、智能工厂、物联网车间等新的生产方式还很少见,制造业数字化、网络化、智能化还极少得到实践。工业企业数字化转型并非一蹴而就,仅从被调研企业[②]关于是否采用智能设备、机器人的态度也可以看出,并非所有企业都已经意识到或愿意进行数字化转型。(见表 9-4)

[①] 德国人工智能研究中心将人类历史上几次现代工业革命的阶段划分为四个阶段。工业 1.0 阶段:机械制造时代,即通过水力和蒸汽机实现工厂机械化,时间是 18 世纪 60 年代至 19 世纪中期。工业 2.0 阶段:电气化与自动化时代,即在劳动分工基础上采用电力驱动产品的大规模生产,时间是 19 世纪后半期至 20 世纪初。工业 3.0 阶段:电子信息化时代,即广泛应用电子与信息技术,使制造过程自动化控制程度进一步大幅度提高,时间段从 20 世纪 70 年代开始并一直延续至现在。工业 4.0 阶段:工业 4.0 时代是实体物理世界与虚拟网络世界融合的时代,产品全生命周期、全制造流程数字化以及基于信息通信技术的模块集成,将形成一种高度灵活、个性化、数字化的产品与服务新生产模式。工业 4.0 技术项目是德国 2013 年确定的十大未来项目之一,已上升为国家战略。

[②] 笔者所在研究团队于 2019 年对广州具有代表性的 30 多家制造业企业开展了制造业数字化转型专题调研。

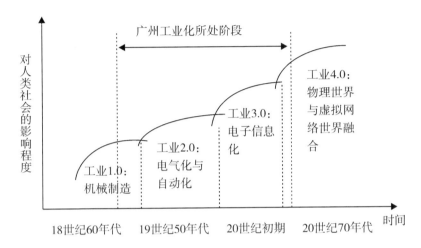

图9-1 广州工业化所处阶段示意

表9-4 部分广州制造业企业对于现阶段是否有必要推广使用智能设备、进行信息化改造或应用工业机器人的态度反馈

是否需要	原因汇总
需要 (41.9%)	1. 企业规模大，长远发展需要 2. 劳动成本越来越高 3. 已有一定应用基础 4. 企业即从事智能制造关联行业 5. 制造业转型必然方向
不需要 (58.1%)	1. 企业规模小，改造成本高 2. 生产工序不需要 3. 行业不景气、不确定性大 4. 没必要，为时尚早 5. 后期维护成本高 6. 缺乏高级技能人才 7. 还不了解智能制造

2. 主要扮演国际竞争的"追赶者"角色

改革开放以来，广州制造业取得了巨大的成就，培育出了一批本土先进企业。但与日本、美国、德国等国家的领先企业相比（见表9-5），广州绝大部分企业在智能制造基础设施、关键核心技术、零部件攻关等方面差距明显，大部分产品尚处于产业链中低端。美国以生产软件和高端芯片为特征，处于全球第一梯队；德国、日本以生产数控系统、驱动和控制设备等核心部件为代表，处于全球第二梯队；我国以系统集成应用为主，关键技术和设备环节还难以突破，处于第三梯队；中东欧国家[①]、俄罗斯[②]、东南亚国家等也都处于追赶状态，以避免成为落伍者。广州多数企业还属于以规模取胜的类型，或只是部分环节、某一生产工艺实现了生产过程的自动化或半自动化，还远未达到生产智能化的高度。目前，工业发达国家每万名生产工人对应200台左右的机器人，而我国为每万名生产工人对应15台左右的机器人，约为日本的1/20；从被调研的广州企业看，仅有少数企业能够接近工业化国家平均水平，大部分在国际竞争中还依旧是"追赶者"。

[①] 参见孔田平《中东欧国家数字经济的现状与前景》，载《欧亚经济》2020第1期，第1～20、125、127页。

[②] 参见高际香《俄罗斯数字经济发展与数字化转型》，载《欧亚经济》2020年第1期，第21～37、125、127页。

表9-5 部分发达国家关于制造业数字化转型的相关计划

名称	国家	启动时间	政策目标	关注重点
"先进制造业伙伴计划"	美国	2011年	发展先进制造业,实现制造业的智能化,保持美国制造业价值链上的高端位置和全球控制者地位	将信息技术作为战略性基础设施来投资建设,以高端制造业作为再工业化战略产业政策的突破口,推动信息技术与智能制造技术融合,实现高端制造与智能制造产业化
"工业4.0战略计划"	德国	2013年	由分布式、组合式的工业制造单元模块,通过组建多组合、智能化的工业制造系统,应对以智能制造为主导的第四次工业革命	加大工业标准化与智能制造的基础投入,注重工业系统化管理与智能制造流程再造,提升工业合法化监管与人员能力
"工业2050计划"	英国	2012年	着眼于制造业未来发展,提振制造业在英国经济中的重要性	强调未来制造业的主要趋势是个性化低成本产品需求的增大、生产重新分配和制造价值链的数字化,推动信息通信技术、新材料等科技与产品和生产网络的融合,重视产品的设计、制造、提供甚至使用方式的更新

续表 9-5

名称	国家	启动时间	政策目标	关注重点
"新工业法国计划"	法国	2013年	重振法国工业实力	旨在使工业工具更加现代化，并通过数字技术实现经济增长模式的转变，优先提倡在若干领域发展工业模式，例如新资源、可持续发展城市、未来交通、未来医药、数据经济、智能物体、数字安全和智能电网
"超智能社会5.0战略"	日本	2016年	在强化产业竞争力、实现产业变革的基础上，试图通过智能化技术解决相关经济和社会课题的全新的概念模式	重视打造智能制造的支撑技术，着力发展以网络安全技术、物联网系统构建技术、大数据解析技术、人工智能技术、设备技术、网络技术、边缘计算技术等为代表的虚拟空间技术
"制造业创新3.0计划"	韩国	2014年	摆脱制造业开始呈现的停滞状态，实现韩国制造业的复兴	加大在工程工艺、设计、软件服务、关键材料和零部件研发、人员储备等薄弱环节的投入，高度重视研发3D打印、大数据、物联网等多项核心智能制造技术，缩小与相关技术领先国家的差距

资料来源：笔者根据公开资料自行整理。

3. 数字化转型的关键环节创新不足

从被调研企业来看，广州制造业数字化转型的原始创新度较为匮乏。目前在基础研究方面，智能制造基础理论和技术体系建设相对滞后，校企合作的实质进展还不明显。在应用推广领域，构成智能制造装备或实现制造过程智能化的重要基础技术和关键零部件主要依赖进口。工业制造领域软件开发能力弱，装备制造领域尤其缺乏具有底层技术自主知识产权、自主可控的装备制造领域生产线规划、仿真、设计、离线编程、虚拟调试、生产运行等通用（支撑）软件和专用支撑软件，90%以上都依赖进口。关键零部件差距大，与支撑数字技术密切相关的精密减速器、伺服电机、伺服驱动器、控制器、传感器及启动元器件等基础功能部件与国际知名品牌差距大，长期以来依靠进口，成本占整机生产成本的30%以上。因此，企业很难形成国际竞争力，短期内，智能制造装备产业的发展仍然需要国外零部件。在智能制造软件系统方面，软件技术水平与发达国家的差距更为显著，核心技术标准受制于人，国外企业的高端工业软件占据了国内航天、航空、汽车等行业90%的市场。[①] 长期以来，广州企业侧重于硬件制造，制造企业的软件技术积累严重不足，如以2017年为例，广州在软件和信息技术服务业收入中，集成电路设计、嵌入式系统软件的收入占比依然较低，且与国内先进城市相比还有不小的差距。（见表9-6）鲜有企业和科研机构进行智能制造基础软件系统的开发，被调研企业的现有装备主要还是使用国外软件系统，而本土软件企业的研发主要针对消费产品市场，集中于游戏及社交网络方面，在制造业领域的应用较少，缺乏具有高科技及智能化基因的互联网企业。（见表9-7）

---

① 参见张春飞、范昕《大力发展数字经济 加快建设数字中国》，载《信息通信技术与政策》2019年第2期，第70～73页。

表9-6 2017年主要城市软件和信息服务业收入占比情况对比

城市	软件和信息技术服务业收入（万元）	运营服务收入占比（%）	集成电路设计收入占比（%）	嵌入式系统软件收入占比（%）
主要城市合计	79125199	43.27	7.3	49.43
大连	1290568	68.09	1.39	30.52
宁波	2810168	37.69	2.88	59.43
厦门	4282352	39.62	10.12	50.25
青岛	9043434	20.28	18.92	60.8
深圳	28311629	35.72	1.69	62.59
沈阳	768306	34.26	61.18	4.56
长春	388903	8.19	1.17	90.64
哈尔滨	201184	51.68	0	48.32
南京	7544800	29.49	5.32	65.19
杭州	7826903	60.3	4.54	35.16
济南	3433348	81.84	0.17	17.99
武汉	1577354	51.28	5.41	43.31
广州	7171777	84.45	6.85	8.7
成都	1757473	59.7	31.87	8.42
西安	2717000	21.66	25.03	53.31

注：此表为2017年1—11月份数据，来源于工信部。

表9-7 被调研企业关键性设备采购来源

来源地	部件	占比（%）
本土采购或自主研发	整机（铸造类）、系统软件	6.4
国内其他地区	模具、锻造模块、电路板、原材料	70.9

续表 9-7

来源地	部　件	占比（%）
国外进口或国外代理公司	整机、新型传感器、软件控制系统、高性能液压件、工作母机、芯片、控制阀、生产线、机器人	80.6

4．智能制造驱动要素比较紧缺

以智能制造为核心的新一轮产业革命将改变当前的生产模式，这可能会直接减轻生产领域对一线生产工人的依赖；但依然少不了人才、土地、技术、资本、管理等驱动要素的支撑，反而是对要素的质量和能级提出了更高的要求。而当前广州的生产要素质量与智能制造的需求还不相适应。一是智能制造人才紧缺。无论是高中低端人才均较为短缺，尤其是学贯"光机电算法材料"等多学科、多领域的领军人才更为稀缺。本土高等院校、科研院所和企业对充分掌握机械、自动化、信息计划等专业能力的复合人才的培养投入不足。（见表 9-8）二是土地空间资源制约明显。广州土地开发强度已经达到 35% 以上，在传统产业升级和城市改造步伐缓慢的条件下，土地空间"存量"优化难度太大，规模化建设全新工厂的"增量"地域空间极为有限。三是产业资本缺乏。智能制造属于新兴制造技术，具有突出的高风险性，属于典型的技术密集＋资本密集型行业。目前，广州民间资本（储蓄）虽在国内城市领先，但大规模的产业资本、风投资本、跨国资本还较少投入企业数字化转型领域。

表 9-8 被调研企业人才缺乏情况的反馈

是否缺乏	类型	原因
是 （93.6%）	● 高技能型（掌握计算机、数控技术） ● 管理型人才 ● 基础研究开发、设计型	● 人才氛围不浓 ● 流失、留不住人才 ● 无处引进人才 ● 高端人才投入产出见效慢 ● 与周边、国内城市相比，人才支持力度弱、程序多 ● 基础设施落后、配套环境差
否 （6.4%）	● 现阶段不明显 ● 不缺乏	● 行业不景气 ● 现阶段工厂所处环节不需要高端人才 ● 暂无扩张计划，不需要

5. 数字化转型的体制机制障碍仍然存在

制造业企业数字化转型，或者大企业建设工业互联网平台、发展新兴业态的过程中，需要跨学科、跨领域的人才、数据、信息等资源的整合，但这一点如果完全依靠市场行为很难实现，在政府部门还不能提供良好支持方案的背景下，就会在一定程度上制约一些制造业创新生产和服务模式的发展步伐。当然，这一问题应该是全国范围内都普遍存在的。另外，对广州而言，支持制造业数字化转型升级的资金投入相对于北京、上海等城市而言仍然较少。政府主导设立的产业基金在投资过程中，十分注重规避风险，因此造成的结果是大企业、大项目往往能得到支持，而中小企业则不易得到支持。

第三节 推动广州制造业数字化转型的着力点

面向未来,围绕"贯彻新发展理念,建设现代化经济体系"的总体要求,广州可以实行精准化、协调化、融合化、开放化、长效化五大策略,推动云计算、大数据、人工智能和制造业深入融合,从而在相关方面的建设中走在全国前列。

一、坚定精准化方向,分类分时制定路线图

高科技企业、新技术企业、传统产业企业、特别类型企业(如融资平台)的行业特点不同,数字化转型路径不同。[①] 广州制造业行业门类众多,不同产业处于不同的发展阶段,生产方式不同,转型升级的路径差别较大。同时期同步推动各行业数字化转型升级并非对各行各企业都适用,在实践中需要分业类分时序推进,制定各具针对性的实施细则和路线图,特别是对一些可以规模化、标准化、自动化生产的企业率先进行智能化升级,以分步走、分类推的方式更好地实现精准推动制造业数字化转型升级的目标。

1. 实行由浅入深的转型升级"三步走"战略

推动制造业数字化转型升级,可以分为老旧设备升级、自动化升级、数字化升级、网络化升级和智能化升级五大战略阶梯。在具体实施上,广州可实行三步走战略:第一步,发挥国家、省市企业技术改造等政策的作用,面向全市引导和鼓励制造业企业淘汰老旧生产设备,加快自动化、绿色化和智能化更新改造。第二步,以汽车、电子、机械、装备、化工、食品、纺织等大型企业为重点,试点建设智能工厂、数字化车间,形成示范和影响。第三步,推动数

---

① 参见贾康《数字经济时代的企业转型》,载《扬州大学学报(人文社会科学版)》2019年第2期,第15~20页。

字化技术如人工智能、云计算等向产业链的上下游环节覆盖和渗透，形成"数字+制造""数字+研发""数字+服务"的全产业链发展模式。

2. 建立面向企业的转型升级诊断方案

广州应尽快在全市范围内对全市所有规模以上工业企业开展智能化改造诊断情况调研统计。政府应制定财政补贴和政府采购政策，鼓励有转型升级诊断需求的规模以上工业企业委托第三方机构开展"一对一"诊断服务，并提供个性化诊断报告；在此基础上，尊重市场规律和企业主体地位，分行业、分产业链环节、分企业、分发展阶段制定利用数字技术推动制造业企业转型升级的实施路线和方案；建立数字经济与制造业专家库，深入产业园区和重点企业开展咨询和诊断服务，不断深化企业和社会利用数字化技术推动制造业转型升级的认识。

二、坚定协调化方向，聚焦"三个一批企业"

推动制造业数字化转型升级，涉及制造业企业、信息服务企业、科技服务企业、金融企业等市场主体，是一场集生产模式转型行动、服务模式创新行动、基础能力提升行动于一体的市场经济变革。在这一过程中，必须系统谋划推动各类企业相互支撑、相互联动发展，才能率先在全国形成转型升级的示范优势。

1. 培育一批优质的智能生产型企业

从产业链来看，生产制造环节的附加值最低，也是推动转型升级的重中之重。因此，利用数字化方式推动制造业转型升级，首要的任务就是要面向生产型企业，推进设计研发、生产制造和供应链管理等关键环节的柔性化改造，开展基于个性化产品的服务模式和商业模式创新，推动产业链上的供应商、制造商、经销商、服务商及顾客之间形成实时紧密的网络协同关系，提高生产与制造环节的效率，拉平传统的"微笑曲线"。

2. 培育一批优质的服务型制造企业

服务型制造企业是生产制造型企业摆脱产业链低端，实现创造价值、传递价值、分享价值能力大幅提升的重要转型方向。利用（工业）"互联网+"、物联网、云计算等带来的生产、服务模式变革机会，广州应尽快着眼于工业支柱行业，选取和引导一批大中型制造企业实行主辅分离战略，专注于产品设计等高附加值业务，实现从以产品制造为核心向产品加服务、提供整体解决方案转变，增强提供线上线下智能化垂直化服务能力。

3. 培育一批优质的平台支撑型企业

工业互联网平台和平台支撑型企业是互联网和制造业相互融合的纽带。广州要加强主流工业互联网平台的引进力度，构建为中小制造业企业服务的第三方平台；鼓励本土大企业建设创新创业平台，构建新型研发、生产、管理和服务模式，打造技术攻关、创业孵化、投融资和人才培养的高地，开创大中小企业联合创新创业的新局面，进而推动制造业集群化转型升级。

三、坚定融合化方向，促进资源整合与创新

推动制造业数字化转型升级，就是运用互联网技术和服务进行系统化资源和流程整合优化，推动技术创新和模式创新，实现虚拟经济与实体经济融合发展，并实现制造业、科技创新、现代金融和人力资源协同发展，从而达到提升整体产业效率的目的。

1. 推动软件业与制造业深度融合

政府可依托广州软件业的发达优势，培育一批工业软件企业，着力推动软件业与制造业深度融合；发挥制造业各行业协会和软件行业协会的作用，引导制造企业和软件企业开展相互投资和交叉持股，鼓励制造企业、软件企业、工业数据分析企业等联合成立细分行业工业软件联盟，加强工业软件的联合开发和推广应用；成立工业软件产业投资基金，开展工业软件服务企业认定等相关工作，实施更加优惠的工业软件产业财税、投融资、知识产权扶持政策。

2. 推动创新载体与制造业深度融合

政府可搭建数字技术、制造技术等科技成果转化信息与服务平台，着力推动科研院所、高校、大型企业研发与创新资源和制造业企业深度融合；整合高校、科研院所、企业创新资源，建设工业互联网创新中心、新型研发机构，打造协同研发、测试验证、数据利用、交流合作、咨询评估、创业孵化等公共创新服务载体，强化对制造业企业的服务能力。

3. 推动金融平台与制造业深度融合

政府可充分发挥广州电子商务的优势，加快培育和引进工业产品电商平台企业，为制造业企业提供供应链采购和管理服务；搜集和利用企业级大数据建立各行业企业征信数据库，设立开发金融科技信息服务平台，引进金融合作伙伴，为中小企业转型升级提供金融服务，降低金融机构风险，打通资金供给与企业需求的安全通道，使虚拟经济更好地支撑实体经济的发展。

四、坚定开放化方向，推动大中小企业联动

制造业数字化转型升级的难点在于中小企业，需要利用云计算、大数据等数字化手段构建高度开放的产业链、供应链、价值链、创新链网络体系，以大企业为核心带动和倒逼中小企业转型升级，推动大中小企业融通发展。

1. 建立大企业主导、中小企业可用的行业分享平台

政府可依托大数据、移动互联网等先进信息技术，加快培育和发展以大企业为主导、由中小企业共同参与的行业服务平台，充分发挥分享经济对于经济转型升级、创新驱动发展的重要作用；重点制定政策鼓励建立制造业行业生产能力分享平台、产能设备分享平台、创新人才分享平台、新型科技仪器分享平台、教育培训分享平台、创新设计服务分享平台、供应链服务分享平台、数据分享平台、互联网金融分享平台、知识产权保护分享平台、电子商务分享平台、咨询服务分享平台等，为中小企业转型升级提供良好的外部

支撑条件,降低中小企业转型升级的成本。

2. 健全并激活大中小企业共存共荣的产业生态体系

被调研企业集中反映,审视近年来既有行业龙头企业又有独角兽企业源源不断涌现的大城市,可以认识到新一轮竞争不再是单体企业竞争,而是产业生态体系的竞争。产业生态体系包括创业体系、交流体系、分享体系、创新体系、文化体系等。完善的产业生态体系可以充分推动行业内大中小企业实现良性互动合作,促进行业大企业继续做大做强,同时激活中小企业的成长以及新企业的孕育,进而使整个行业持续保持活力并发展壮大。基于此,为了推动制造业数字化转型升级,政府除了提供传统的土地、资金支持政策之外,更应该作为产业生态体系的支持者、服务者乃至公共环节的运营者,去促进生态体系内各类平台型组织的建设和发展。

3. 建立健全优质资源整合与低端产业退出机制

政府可推动优质资源向优势产业和企业集中,引导产业链上下游的相关企业开展兼并重组和交叉持股,培育一批有规模有效益、创新能力强、带动作用大的企业集团;利用我国决定在扩大开放方面采取一系列新的重大举措这一契机,支持大企业与中小企业组成行业联盟,结合境内外资源开展国际产能合作,从全球经济发展视野和产业链布局中实现转型升级;鼓励龙头企业采用新技术、新设备、新工艺、新材料,通过供应链带动和倒逼中小企业转型升级;从企业规模、生产工艺水平、运行效率、管理水平、能源资源消耗与环境影响等更广泛的角度建立"落后产能"和"低端产业"认定标准,探索建立政府引导、企业自愿、市场化运作的产能置换指标交易,形成淘汰落后与发展先进之间的良性互动机制。

五、坚定长效化方向,形成转型升级新机制

针对一些传统制造业企业利用数字化技术转型升级带动发展的意识和能力较弱的问题,我们认为靶向制定更有激励性的政策可能更有必要。

1. 加大金融支持力度

政府可在市、区两级财政分别成立数字化转型升级基金,在落实国家和省发展数字经济、上云上平台、智能制造等优惠政策的基础上,加大对数字化升级的制造业示范企业、项目、公共服务平台的扶持力度,鼓励制造业企业采购智能软硬件及相关设备对生产线进行数字化、网络化、智能化改造,按投资额的一定比例给予补助;大力发展科技金融,加强政府、制造业企业、金融机构的信息共享,鼓励金融机构创新金融产品和服务,强化服务实体经济功能,支持"上云上平台"企业项目实施;鼓励社会资本参与制造业企业数字化转型升级投资,健全完善市场化收益共享和风险共担机制。

2. 加强土地政策支持

政府可将"三旧"(旧城镇、旧厂房、旧村庄)改造、城市更新与发展数字经济、推动企业数字化转型结合起来,加快制定广州数字化转型升级改造项目专项土地政策实施细则(不仅仅是针对广州人工智能与数字经济试验区范围),对利用数字化手段推动传统制造业转型升级发展服务型制造、生产性及高科技服务业、工业互联网平台、创业创新平台等国家支持的新产业新业态的建设项目,实行可享受按原用途使用的较长过渡期;对于制造业企业利用自有工业用地兴办促进企业转型升级的设施,对厂房进行智能化、自动化改造的,不再增收土地出让金等。

3. 完善人才培育政策

政府可实施人才培养计划,建设"经营管理人才+专业技术人才+技能人才"的数字化、复合型人才发展体系;建立数字化技能人才培训基地,面向制造业企业开展大数据、云计算、人工智能等技术应用的人才培训,协助企业升级人才结构;支持先进制造企业、工业互联网平台企业设立培训机构,或与科研院所(校)合作建立教育实践基地,开展职工在岗、转岗技能培训;鼓励和引导高等学校和职业教育学校围绕重点产业和市场需求设置相关专业,开展数字经济、数字技术等范围内的新兴业态学科体系建设,培养一批紧缺的跨学科、复合型、应用型人才。

第十章　广州服务业数字化转型

数字经济改变了服务业传统的经营服务方式，服务业的数字化发展有助于改变传统生产要素的组合方式，催生出一系列符合产业发展方向和消费趋势的新业态、新模式。[①] 数字消费成为推动数字经济发展的重要力量，改变了传统市场，成为可诞生大量新经济企业的土壤。[②] 而服务业行业的内容十分广泛，数字化转型的路径和方向也各有不同。

第一节　广州服务业发展的基础

广州素有"千年商都"之美誉，服务业是广州经济增长、集聚人口、带动就业、提升城市承载力和包容度的最重要领域。改革开放以来，广州服务业持续保持较快增长，规模持续扩大，结构不断优化，新动能加快成长，成了支撑经济持续健康发展的重要力量。

2019年，广州服务业增加值规模位居全国大城市第三位，仅次于北京、上海，约占广东全省的1/3。服务业对全市经济增长的贡献率达到74.2%，占地区生产总值的比重达到71.62%，带动了70.8%的社会就业人员，由此可以看出服务业对广州经济社会发展的重要作用（见表10-1、表10-2）。具体在行业层面，已经形

---

① 参见杨佩卿《数字经济的价值、发展重点及政策供给》，载《西安交通大学学报（社会科学版）》2020年第2期，第57～65、144页。
② 参见朱岩、石言《数字经济的要素分析》，载《清华管理评论》2019年第2期，第24～29页。

成了六大千亿级服务业行业——批发零售、金融、房地产、租赁和商务服务、交通运输、信息服务。在企业层面,早在 2018 年,百亿级服务业企业就已经超过 50 家,一大批总部型企业在此落户运营,新兴服务业迅猛发展。

同时,虽然服务业是广州的主要产业,但在整个经济结构中,以及在广州现在的发展阶段中,服务业占比不是越高越好,而是更加需要着力推动工业、服务业协调发展、提质增效。而且,服务业中的优势行业主要集中在传统服务业,批发零售、住宿餐饮、交通运输三个行业的增加值合计占服务业的 32.5%,在全球和全国范围内的服务业龙头企业都偏少,存在结构层次、质量效益、企业能级亟待提升等问题,需要加快转型升级,引领经济高质量发展。

表 10-1 广州经济结构构成情况

年份	主要年份地区生产总值构成（%）			三次产业对地区生产总值的贡献（%）		
	第一产业	第二产业	第三产业	第一产业	第二产业	第三产业
1990 年	8.05	42.65	49.3	1.7	37.1	61.2
1995 年	5.83	45.92	48.25	1.3	54.7	44
1996 年	5.52	45.81	48.67	2	57.4	40.6
1997 年	5.09	45.42	49.49	1.8	51.8	46.4
1998 年	4.68	43.39	51.93	1.2	51.5	47.3
1999 年	4.32	43.62	52.06	2.9	62.8	34.3
2000 年	3.77	41.11	55.12	0.5	48.4	51.1
2001 年	3.4	39.29	57.31	0.7	35.3	64
2002 年	3.2	37.98	58.82	2.5	38.1	59.4
2003 年	2.91	39.68	57.41	1	56.7	42.3
2004 年	2.62	40.32	57.06	1.1	48.4	50.5

续表 10 - 1

年份	主要年份地区生产总值构成（%）			三次产业对地区生产总值的贡献（%）		
	第一产业	第二产业	第三产业	第一产业	第二产业	第三产业
2005 年	2.51	39.84	57.65	1.2	43.4	55.4
2006 年	2.1	40.31	57.59	-0.7	44.1	56.6
2007 年	2.08	39.8	58.12	0.4	37	62.6
2008 年	1.99	39.21	58.8	-0.7	35.1	65.6
2009 年	1.81	37.6	60.59	0.5	32.4	67.1
2010 年	1.67	37.56	60.77	0.4	38.6	61.0
2011 年	1.54	37.2	61.26	0.4	39.9	59.7
2012 年	1.46	35.25	63.29	0.4	31.1	68.5
2013 年	1.25	34.33	64.42	0.3	36.5	63.2
2014 年	1.19	33.89	64.92	0.3	32.7	67.0
2015 年	1.13	32.07	66.8	0.3	30.5	69.2
2016 年	1.09	29.89	69.02	0.1	24.6	75.3
2017 年	1.03	27.95	71.02	0.4	22.3	77.3
2018 年	0.98	27.27	71.75	1.1	28.5	70.4
2019 年	1.06	27.32	71.62	0.6	25.2	74.2

数据来源：广州市统计局网站。

表 10 -2 广州三次产业全社会从业人员及构成（2019 年年末）

项　　目	从业人员（人）	构成（%）
合　　计	11258940	100.00
按 产 业 分		
第一产业	622398	5.53

续表 10-2

项　　目	从业人员（人）	构成（%）
第二产业	2665507	23.67
第三产业	7971035	70.80
按行业分		
农、林、牧、渔业	623062	5.53
工业	1951697	17.34
建筑业	726718	6.45
批发和零售业	1994784	17.73
交通运输、仓储和邮政业	558806	4.96
住宿和餐饮业	566354	5.03
信息传输、软件和信息技术服务业	572124	5.08
金融业	834752	7.41
房地产业	487607	4.33
租赁和商务服务业	952584	8.46
科学研究和技术服务业	534878	4.75
水利、环境和公共设施管理业	82925	0.74
居民服务、修理和其他服务业	315246	2.80
教育	400691	3.56
卫生和社会工作	233434	2.07
文化、体育和娱乐业	132991	1.18
公共管理、社会保障和社会组织	290287	2.58

数据来源：广州市统计局网站。

第二节 广州服务业数字化转型的比较

根据国家统计局分类标准，服务业分为生产性服务业、生活性服务业。生活性服务业是指满足居民最终消费需求的服务行业，包括十二大领域：居民和家庭服务，健康服务，养老服务，旅游游览和娱乐服务，体育服务，文化服务，居民零售和互联网销售服务，居民出行服务，住宿餐饮服务，教育培训服务，居民住房服务，其他生活性服务。大类共有12个，中类共有46个，小类共有151个。生产性服务业是指为保持工业生产过程的连续性，促进工业技术进步、产业升级和为提高生产效率提供保障服务的服务行业，包括十大领域：为生产活动提供的研发设计与其他技术服务，货物运输、通用航空生产、仓储和邮政快递服务，信息服务，金融服务，节能与环保服务，生产性租赁服务，商务服务，人力资源管理与职业教育培训服务，批发与贸易经纪代理服务，生产性支持服务。大类共有10个，中类共有35个，小类共有171个。

从涵盖的范围看，两类服务业在功能、性质、生产方式等各个维度都存在很大差别，在数字化转型升级的过程中，所面临的难点、转型路径、所需条件也都存在较大差异。当然，二者之间也存在相互联系之处，但从主要矛盾和矛盾的主要方面来看，在研究过程中予以区别研究更加有利于抓住问题分析的关键，在结合城市具体发展的过程中，更有利于政策实施有的放矢。

生活服务业数字化是以数据为关键生产要素，通过数字技术与生活服务业深度融合，推动生活服务业结构优化和效率提升，培育新产品、新模式、新业态，不断提升服务品质和个性化、多样化服务能力的过程。

实际上，每个行业的数字化过程都具有不同的特征和路径，我们很难像制造业数字化那样用比较统一的路径来研究服务业的数字化转型过程，不仅生活性服务业和生产性服务业两个大类之间存在巨大差异，二者各自内部的各类细分行业的数字化过程也存在很大差异，数字化的路径、关键环节等都不相同。目前，从广州乃至国内外城市的实践看，大部分的服务业行业都开展了一定程度的数字化或者网络化，但显然还处于初级阶段。比如中国信通院的报告认为，2019年中国服务业数字经济比重达到38%，在三次产业中数字化水平最高，转型速度最快，但与此同时，中国68.6%的中小企业尚未推进数字化技术应用，仅16.6%的网民日常使用数字化生活服务；2012—2018年，中国生活服务业在线交易规模在生活服务总体市场的渗透率仍不足18%。[①] 考虑到行业的差异性以及数字化的阶段性，本章结合广州服务业发展中比较具有代表性的五个服务业行业，与国内城市进行了比较分析，意在发现可以进一步提升之处。

一、商贸服务业数字化

（一）形式多样

随着大数据、互联网、云计算、人工智能、区块链等数字技术的应用，广州服务业新业态不断涌现：金融科技创新发展迅速，银行业金融机构在管理、运营和服务中都不断应用数字技术提升服务的智能化水平和监管的信息化水平，智能柜台已经得到广泛应用，VTM（远程视频柜员机）和机器人也得到了推广；资本市场类金融机构实现了自动化线上理财、多样化信息产品的开发、资源配置效率的提高和风险的降低。餐饮业和住宿业数字化成效明显，广州自2001年就开始以实现宽带上网的信息化手段建设星级"数字化酒店"，到2019年已经基本上实现了"网络化运营"，甚至迎来了无人酒店和机器人酒店，以及面向客户体验的个性化运营；餐饮业

[①] 参见中国信息通信研究院《中国生活服务业数字化发展研究报告（2020年）》，2020年5月14日发布，第39页。

电子支付消费发展迅猛，微信数据显示，2019年广州线下餐饮消费和外卖消费单都位于全国第二，餐饮信息化应用范围已经形成从电子营销和点餐到刷脸支付到开具发票再到推广传播的完整链条，广州成为微信"附近的餐厅"首个测试城市。批发和零售业数字化逐步转型，专业批发市场已经步入"云批发"，开通直播销售；广州商业与"互联网+"融合后，在2018年成了华南最大的"码商之城"，拥有唯品会品牌特卖平台。会展业数字化形式多样，已经实现网络营销和推广、现场管理与服务的数字化和多媒体网上展览，在疫情的影响下，2020年广交会首次尝试完全在"云"上举办。

（二）先进城市服务业数字化建设进展

我国先进城市服务业已经进入数字化运营时代，银行业金融机构的管理、运营和服务基本实现了应用数字技术实现智能化、信息化和网络化，餐饮业、住宿业和商贸业基本实现了网上预定、电子发票和移动支付，会展业都已经向云会展发展并推出"云消费""云招商""云直播"等全新会展模式，不同的是各先进城市服务业数字化平台的拥有数量不同。北京拥有美团网、京东零售平台、58同城等服务平台，建立了数字贸易试验区、数据跨境流动安全管理试点、国际大数据交易所等服务业平台，也已经成为消费互联网"独角兽"企业的聚集地。上海餐饮业拥有阿里巴巴本地生活的饿了么和口碑平台，住宿业拥有携程旅行网、去哪儿网平台，零售业拥有拼多多平台，并启动了数字贸易交易促进平台。杭州拥有支付宝支付平台，是"移动支付之城"，超过95%的超市便利店、超过98%的出租车、城区所有的公交和地铁都支持移动支付，还有淘宝、天猫、闲鱼零售平台。深圳拥有微信支付平台。

（三）比较与评价

与国内外城市相比，广州服务业数字化应用虽广，但是在大平台建设方面略显不足，只有唯品会一家品牌零售平台，远不如其他

4个城市的平台数量多和规模大（见表10-3）。

表10-3 广州与其他先进城市服务业数字化比较

项目	广州	北京	上海	深圳	杭州
移动支付平台（个）	0	0	0	1	1
餐饮业平台（个）	0	1	2	0	0
住宿业平台（个）	0	0	2	0	0
零售业平台（个）	1	1	1	0	3
综合性平台（个）	0	1	0	0	0

资料来源：作者自行整理。

二、医疗服务数字化

（一）医疗数字化建设领跑全国

在2019年腾讯研究院发布的《数字中国指数报告（2019）》中，广州位于全国数字医疗城市的第一名，已经实现了"一码通用""一网联通""一键诊疗""一站会诊"和"一体服务"五个一工程。广州市人民政府办公厅2019年印发了《关于推进健康医疗大数据应用的实施意见》，打造了"广州健康通"App，运用大数据和AI人脸识别技术，完成了广州居民电子健康码［是国家卫生健康委员会（以下简称"国家卫健委"）以居民身份证为基础开发的］建设，实现了诊疗"一码通用"，建立了一站式互联网医疗健康门户，覆盖64家医院（含所有的三甲医院），解决了"挂号难"问题，还实现了互联网+慢病管理+预防接种+出生证预约等众多公共卫生服务。广州初步实现了医疗卫生机构"一网联通"，在全国率先建成了"全民健康信息平台"，将2300多万份电子健康档案对接电子病历以实现在线查询电子健康档案和就诊信息，建成了全市预约挂号平台以基本实现医疗数据采集；利用数字技术实现了看病"一键诊疗"、"一站会诊"、线上线下"一体服务"等医疗服务；为了加强疫情防控，2020年3月20日开始使用"穗康码"。

（二）先进城市医疗数字化建设进展

北京从2007年就开始为居民建立电子健康档案，2018年推出"京医通"App，并于2020年3月1日开始使用"健康宝"防控疫情。上海2014年12月在全国率先创建"健康云"App——一个面向市民、医生、医疗机构和政府部门的健康服务平台，并在2020年2月1日开始应用于防控疫情。深圳2020年2月9日推出腾讯健康码，随后在全国近20个省份落地，短短一个月，即覆盖近9亿人口，为企业复工复产用工需求提供了精准可靠的大数据支撑。深圳如同广州，贯彻广东省的"五个一"行动，为2000万常住人口生成了电子健康码，可在线查询和使用本人的电子健康档案，预约挂号覆盖所有三甲医院，实现了乡村远程医疗，50%以上三甲医院开展互联网医疗服务。杭州2018年推出了提供在线预约挂号、在线问诊和在线查询检查结果服务的"健康通"App，覆盖杭州所有三甲医院；到2019年年底，已建立居民电子健康档案719万余份，建档率占全市常住人口的83%；2020年2月11日，推出杭州健康码，2月11日推行支付宝全国版健康码。

（三）比较与评价

广州位于全国医疗数字化建设城市排名的首位，积极贯彻广东省数字医疗建设的"五个一"工程，还率先制定了推进健康大数据建设的政策。腾讯研究院发布的《数字中国指数报告（2019）》显示，广州医疗数字化指数2018年位于全国第2，仅次于深圳（见表10-4）。

表10-4 广州与其他先进城市医疗数字化程度比较

项　　目	广州	北京	上海	深圳	杭州
2018年全国数字医疗城市排名	2	3	6	1	前10名之后
健康通App（个）	1	1	1	1	1
政策（个）	1	0	0	0	0
疫情码（个）	1	1	1	1	1

资料来源："2018年全国数字医疗城市排名"参见腾讯研究院《数字中国指数报告（2019）》，2019年5月21日发布，第10页。其余由作者自行整理。

三、交通服务数字化

（一）交通数字化体系初步形成

广州已经建成"一中心、三平台"的智慧交通体系，即交通大数据中心、智能感知平台、综合业务平台和创新服务平台，推进了信息技术与城市交通的融合，完善了交通信息化管理体制。广州建成了国家公交都市智能化应用示范工程，在全国首先开通公交地铁通用二维码的应用，实现了交通"一卡通"；打造了公共交通智能管理服务平台和全国最大的智能公交监控调度系统，建立了"一键叫车"系统；开发了全国首款交通综合信息服务的手机应用"行讯通"，为广州市民提供路况信息、实时公交、的士查询等18个模块的功能；完成了国家首批和城市交通领域唯一的智能交通领域国家物联网应用示范城市建设。广州白云国际机场成为中国民用航空局"四型机场"首批示范建设项目和首批未来"智慧机场"建设示范单位，已经实现二维码过检、自助登机、自助行李托运，建成了国内首个覆盖5G网络的航站楼；广州国际贸易已经完全实现对全部跨境电商业务的空运"单一窗口"数据传输、回执和企业数据共享；实现了"无纸化"通关和"互联网+空港e通"。广州开展了"智慧地铁"试点运营，于2019年9月开通了全国首个轨道交通智慧系统"穗腾OS"（轨道交通操作系统），是全面支撑数字化和无人化管理、智能化运维控制、场景化应用服务的一站式解决方案，并在广州塔和天河智慧城站集聚，广州地铁全国首批"智慧地铁"示范车站于2019年年底全线开通。

（二）先进城市交通数字化建设进展

国内先进城市都在推进交通信息化，构建智慧交通管理体系，实施公交地铁应用通用二维码，智慧机场安检通道引入人脸识别技术，实现全流程自助、无纸化通行、自助值机、自助行李托运和跟踪管理；智慧地铁打造倚"脸"出行、依"人"运营、以"云"支撑、一"脑"决策。

（三）比较与评价

全国先进城市交通数字化建设都在加紧进行，几大城市的推进程度不相上下，广州略微突出（见表10-5）。"行讯通"在2014年被评为"全国十佳交通信息服务手机软件"第1名；腾讯研究院发布的《数字中国指数报告（2019）》显示，广州智慧交通指数2018年排名全国第2，仅次于深圳。

表10-5 广州与其他先进城市交通数字化程度比较

项 目	广州	北京	上海	深圳	杭州
全国十佳交通信息服务手机软件排名①	1	2	—	3	—
2018年全国智慧交通城市排名②	3	1	4	2	7

---

① 参见《全国十佳交通信息服务手机APP评选》，见 http://www.tranbbs.com/news/cnnews/news_147207.shtml，最后访问时间：2021年7月26日。
② 参见腾讯研究院《数字中国指数报告（2019）》，2019年5月21日发布，第45页。

四、政务服务数字化

建设数字政府是推进国家治理体系和治理能力现代化、促进数字中国发展的必然要求。政府数字化转型以及政府数据的开放共享至关重要。政府依托于公共部门和企业所搭建的数字平台，拥有了比以往更多、更精准的政策设计和实施场景，实体空间的传统管理将让位于虚拟空间与实体空间相融合的智能化管理，信息更加对称、政策更加透明、服务更加高效，相应地，公共风险也能更有效地被控制。[①]

（一）政务数字化走在全国前列

2019年，广州出台了《广州市"数字政府"改革建设工作推进方案》，专门设立了广州市数字政府运营中心，负责"数字政府"建设工作，将各部门各类政务信息资源进行整合共享和开发利用，从而推动智慧政务大数据建设，着力打造高标准的数字政府。作为全国"互联网+政务服务"示范工程试点城市之一，广州已经建成全市统一的政务信息数据库，可实现省市区数据共享。创新设置的"数据多跑路、群众少跑腿"服务模式，实现了依申请事项和公共服务事项100%可网上办理，99.98%跑一次，85.86%不用跑。首创的"智能无人审批"模式被选为全国首届市场监管的十大案例。2014年上线的广州"12345"政府服务热线在近200个城市参与的"2019年全球最佳呼叫中心评选（亚太区）"中获得5项大奖，2017年在第三方对全国31个省区市334条"12345"政务服务热线测评中荣获综合排名第一。公共安全数字化程度高，广州是全国超大型公共安全视频建设联网应用示范城市，物联网、视频监控和电子围栏技术被广泛运用于城市治安管理当中。2019

[①] 参见刘尚希《数字财政或将重构财政体系》，载《新理财（政府理财）》2020年第12期，第42~43页。

年开启的类案批量智审系统是全国首个专门处理互联网金融纠纷的在线审理系统和全国首个数字金融协同治理中心。广州在全国首创"人工智能+机器人"全程电子化商事登记，实现内资企业设立登记"免预约""零见面""全天候""无纸化"的即时办理模式。

（二）先进城市政务数字化建设进展

我国先进城市的政务数字化基本上已经进入了数字化管理阶段，这些城市都是全国超大型公共安全视频建设联网应用示范城市。北京2018年10月开始推行"一网通办"，2019年正式实施。上海市人民政府办公厅2016年印发了《上海市电子政务云建设工作方案》，2018年7月首创"一网通办"，总门户已接入2321项服务事项，82.1%为"全程网办"，93.87%为"跑一次"。深圳市人民政府2018年出台了《深圳市"数字政府"改革建设试点实施方案》和《深圳市新型智慧城市暨"数字政府"建设2018年工作任务表》，95%以上事项可网上办理。杭州市人民政府办公厅印发了《2018年深化"最多跑一次"改革打造移动办事之城工作要点的通知》，并于2018年实施了"一网通办"；2020年3月为了构建新型政商关系，"战疫情、促发展"帮扶企业发展数字平台——"亲清在线"正式上线，疫情期间实施了惠企政策。

（三）比较与评价

全国先进城市政务服务数字化建设相继推进，几大城市的推进程度不相上下，广州略微突出。腾讯研究院发布的《数字中国指数报告（2019）》显示，广州数字政务指数2018年排名全国第1。中央党校电子政务研究中心发布的《省级政府和重点城市网上政务服务能力调查评估报告（2020）》显示，广州网上政务服务能力总体指数位列重点城市排名第2位。建设指数排名全国第3。（见表10-6）

表 10-6　广州与其他先进城市政务数字化程度比较

项　　目	广州	北京	上海	深圳	杭州
2018 年全国数字政务服务城市排名①	1	3	4	2	10
2019 年全国网上政务服务能力城市排名②	2	7	6	1	2

五、教育数字化

（一）教育数字化初具规模

广州的智慧教育起步较早，已经经历了从多媒体教育到"互联网＋"教育、"移动＋"教育三个阶段，正在迈向"智能＋"教育、"5G＋人工智能"教育时代。大中小学智慧校园工程和校园文化数字化工程也在加快推进。广州市是教育部选定的 2019 年度 8 个智慧教育示范区之一。

（二）先进城市教育数字化建设进展

各个先进城市的教育数字化建设都经历了以多媒体教育为核心的 1.0 时代、网络教育 2.0 时代，然后是"互联网＋"教育 3.0 时代，再到智能化教育 4.0 时代。先进城市一向重视教育信息化建设，有的先进城市研究制定了相关的规划和政策，如深圳市教育局在 2015 年就发布了《深圳市教育信息化发展规划（2015—2020 年）》及 6 个配套文件、杭州市教育局在 2015 年发布了《推进杭州教育信息化发展智慧教育行动计划（2015—2017）》；尤其是在

---

① 参见腾讯研究院《数字中国指数报告（2019）》，2019 年 5 月 21 日发布，第 70 页。
② 参见中共中央党校（国家行政学院）电子政务研究中心 2020 年 5 月发布的《2020 省级政府和重点城市网上政务服务能力（政务服务"好差评"）调查评估报告》，第 14 页。广州、杭州、南京并列第 2，宁波第 5；上海、北京虽然一般被列入省级政府排行，但与市级城市比较后，按分值排在市级城市的第 6 和第 7。

教育部于2018年4月发布了《教育信息化2.0行动计划》之后，各个先进城市的教育委员会（教育局）先后发布了各自的行动计划，如北京市教育委员会于2018年7月发布了《北京教育信息化三年行动计划（2018—2020）》，北京市海淀区教育局发布了《海淀区智慧教育2.0行动计划（2019—2022）》；上海市教育委员会于2018年10月研究制定了《上海市教育信息化2.0行动计划（2018—2022）》，并欲打造全球智慧教育示范区；杭州市教育局在2018年10月发布了《杭州市教育信息化第二轮三年行动计划（2018—2020）》。

（三）比较与评价

广州教育数字化水平在全国处于前列。腾讯研究院发布的《数字中国指数报告（2019）》显示，广州教育数字化2018年排名全国第2，仅次于北京。（见表10-7）广州市是教育部选定的2019年度8个"智慧教育示范区"之一，然而其并没有系统地制定教育信息化行动计划。

表10-7 广州与其他先进城市教育数字化程度比较

项　　目	广州	北京	上海	深圳	杭州
2018年全国数字教育城市排名[①]	2	1	3	4	前10名之后
教育部2019年度"智慧教育示范区"	是	是	是	否	否
制定政策的时间	无	2018年	2018年	2015年	2015年

---

① 参见腾讯研究院《数字中国指数报告（2019）》，2019年5月21日发布，第43页。

第三节　广州服务业数字化转型的特点

行业的数字化转型是长期的、系统的,迈进数字时代后,面临的难点和挑战难以避免。笔者所在团队对广州多个服务业企业、行业组织进行了数字化转型的专题调研访谈,结合行业分析和国内的数字化发展形势,对服务业数字化转型中遇到的挑战和潜在的、阶段性问题也进行了归纳。

一、服务业行业处于数字化的初级阶段

从调研情况来看,生产性服务业行业内部运行环节的网络化(互联网化)程度比较高,因为其主要服务于工业行业,但本身并不涉及规模化生产。广州较为发达的金融服务、会计、研发设计、物流服务、信息服务、生产性租赁服务、商务服务、人力资源管理与职业教育培训服务、批发与贸易经纪代理服务等行业网络化程度比较高,如远程办公已被广为接受。但从产业链、价值链视角来看,生产性服务业数字化的难点或者问题在于难以与工业行业实现数字链的对接,服务业企业与制造业企业往往是单向的业务契约关系,而非基于数字的紧密上下游关系,行业主体之间可能存在信息损失或断层。比如,一家会计企业难以完全参与到一家制造业企业各个环节的决策中,而更多的是基于合同约定为其提供阶段性的咨询服务;一家物流企业也难以参与到所有产品制造过程中为其产销决策提供及时的方案,而更多的是仅参与到产品的运输中。也就是说,跨行业的数字化过程还有很大的空间需要弥补,从而进一步提升全行业的运行效率。

而在生活性服务业行业,从调研企业反映看,大部分的服务业行业都在部分环节实现了数字化,特别是在面向消费者的端口环节。各类网络化的移动支付系统、预约系统等的广泛使用,极大地

便利了消费者与商家的直接交易，如广州较为发达的批发零售业、餐饮酒店旅游业、医疗业、家政服务业、电影文化服务业等多个行业。但其主要问题在于行业内部数字化程度还比较低，如在餐饮业，广州有3万多家餐饮企业（店），但还很少有企业能够从早期订货系统、POS系统（销售点终端）、供应链电子信息系统，到食材溯源、供应系统，再到餐饮企业内部系统的全链条实现网络化、数字化，以及在人员、资金、仓储、店内资源配置等方面实现自动化管理。大部分的生活性服务业行业还处于劳动密集型阶段，总体上，我们认为生活性服务业行业企业的数字化转型仍处于初级阶段。

二、数字化转型缺乏必要的条件支撑

被调研服务业企业普遍认为：①广州服务业企业大多数是中小企业，数字化转型需要较大的投入，上云上平台需要较高成本及后期持续性投入，且存在一定的风险，难以确保数字化升级后企业经营状况得到显著改善，因而许多企业特别是个体户经营单位认为没有必要转型。②广州传统商业的智能化程度普遍较低，数字技术的应用范围和层级还比较少，往往缺乏全流程数字化的分析。③广州存量商业资源特别是房屋等硬件资源比较多，但是改造的难度大，很难进行数字化改造，然而数字化新型基础建设需要达到较高的覆盖率和稳定性，对物理空间的信息化承载能力要求高，一旦改造的需求不满足，就容易导致信号差等问题。④缺乏数字化复合型人才，服务业数字化转型需要"数字技术+专业服务"的跨界人才，然而实际上，大部分的技术型人才分布在信息企业或科研单位，且薪酬水平往往超出了服务业企业能够支付得起的水平，从而导致服务业数字化转型人才供需缺口较大。⑤广州的批发零售、商贸展览业具有很强的国际竞争力，拥有庞大的数据基础资源，但是批发市场多而散，较为个性化、专业化，即使在物理上也有界限，没有借助数字化技术形成强大的整合或联盟生态，没有形成数字化技术支撑下的商业生态体、生态能力、生态思维。

三、行业分布广泛，难以促进数字化转型升级的标准化

广州作为超大城市，拥有的服务业行业几乎涵盖了国民经济行业细分的所有行业，涉及的商业主体、覆盖的群体极为广泛，很难以同样的标准、同样的方法促进服务业数字化转型升级。多家行业协会反映，企业主体之间的数字化管理系统几乎都是独立运行的，与上下游的采购商、供应商之间并不相通，系统之间的标准也并不兼容，推进不同行业的数字化进程需要因"业"制宜。服务行业、医疗健康行业的个性化、定制化需求在扩张，同时也有各自不同的侧重点，这使数字化转型的过程更加难以按照标准化推进。而在生产性服务业企业与制造业企业融合的过程中，由于在数据产权、数据安全和商业信息保护等方面还很少有成熟的处理机制，实际上，制造业企业数字化的过程中并不会必然带动生产性服务业企业数字化转型的一体化开展。

第十一章　后疫情时期广州城市治理数字化转型

新冠疫情防控是对城市治理方式、经济生产活动应对重大突发应急事件时的一次大考,凸显了城市加快数字化治理与发展数字经济的迫切需求。人工智能、互联网、大数据等数字科技手段为提升城市治理现代化水平及生产生活方式转型提供了新的方式。党中央近年来多次强调要抓住数字变革机遇、发展数字经济,推动国家治理体系和治理能力现代化。广州作为超大城市、国家中心城市,在全力防控疫情的过程中,更需以此为突破点,谋划城市数字化治理与经济数字转型升级的长期之策,为更好搭建城市治理体系新方式做出全国性示范,为经济长期向好发展培育新支柱打好基础。

第一节　疫情防控给城市治理带来的挑战与启示

一、城市治理方式与发展理念滞后

自从新冠肺炎疫情暴发以来,全球及全国城市治理能力都面临着极大考验,暴露出了一些短板。传统政府监管已经不适应对数字经济时代的治理了,治理困境相对明显。[①] 这突出表现在大规模的人口流动和疫情初期有限的管控能力,重点疫情区域的人口多方向扩散,难以把握防疫最佳控制时期;许多城市特别是中西部地区的

---

① 参见杜庆昊《数字经济治理逻辑演进和路径选择》,载《互联网经济》2020年第1期,第28～35页。

城市所面临的巨大的人力、物力、财力、组织资源的调配需求，在短时间内主要是依靠传统的人力、行政计划完成；舆论的引导存在一些短板，导致真实信息的传播不够充分；对不同群体的疏导方式较为单一，使疫情防控有一些不确定性；多个地方政府部门技术能力薄弱或认知态度相对落后；部分区域全民动员的能力、参与主体的协同能力有限。此外，全国城镇化率依然在提高，将有更多农村人口进入城市工作、生活，城市治理体系亟待优化完善。

二、传统经济应对突发事件冲击的抵抗力较弱

疫情使经济社会的有序运转受到较大影响，使本已处于平稳发展状态的经济产生了一些不确定性，这不仅反映出病毒的传播特点决定了必须要控制人员流动进而停工停产，也反映出了某些产业生产方式不适应公共卫生突发事件冲击下的极端状况。我国是农业和制造业大国，制造业还处于中低端水平，劳动密集型、资金密集型的行业占据主导地位，产业竞争力的东西差异、南北差异较大，经过此"疫"，必须通盘考虑如何加快生产方式的改变。

三、数字化治理有效支撑城市治理新路径

疫情防控期间，数字化、网格化等公共治理手段被广泛使用。长三角、珠三角地区是中国人口迁徙的重要区域，其中珠三角是湖北、湖南地区人口就业的首选区域。在短时间内面对大规模的人口管控需求，广州、深圳、上海、杭州等防控有效的城市都运用大数据、人工智能、云计算等数字化技术，在疫情监测分析、病毒溯源、防控救治、人员管理、资源调配、社会管控、城市运行、复工复产等多个领域为城市有力开展疫情防控，有序推动复工复产，发挥出了重要的支撑作用，多种数字防疫手段迅速覆盖全国。2020年2月12日，中央做出非疫情防控重点地区要实行分区分级精准

防控的决定后,一些以服务业为主导,互联网、数字化发展水平高的大城市和超大城市,迅速复工复产,半个月内(至2月24日)36个主要城市(省会城市及计划单列市)中的16个城市规模以上企业复工率超过70%,广州、济南、厦门、青岛等城市复工率超过90%,互联网、金融等行业远程办公比例达到80%以上。[①] 疫情后,城市治理必将进一步强化"数字化思维",公共服务、经济发展、社会治理、安全保障、环境治理等方面将普遍提高数字化水平,"数字政府""智慧城市"的建设将去虚向实,数字平台将成为多元参与城市治理的新通道。数字竞争力将成为城市竞争力的核心组成部分。(见表11-1)

表11-1 数字化治理与传统治理的区别

维度	传统治理	数字化治理
治理主体	政府为主	多元参与,平台企业和组织重要性凸显
治理方式	分散化、碎片化	整体性精细化
组织形式	分级制、自上而下层级化	跨层级、网络化
治理机制	以部门独立处理为主	多部门协同治理
治理对象	以人工管理为主	大数据、互联网主动介入

资料来源:作者自行整理。

四、数字经济成为恢复经济动力的重要力量

随着全球数字变革加速到来,数字经济也成为对冲疫情影响、稳定经济社会发展的重要支撑动力,并成为生产方式重构的主要路径。在当前经济发展下行压力加大,政策空间有限的条件下,数字

---

① 作者根据部分访谈及网络媒体报道整理。

经济成了经济增长新动能。疫情期间,数字应用消费新场景快速拓展,阿里巴巴、腾讯、微信、美团、京东等数字平台企业相关业务爆发式增长,稳定了千万家中小企业的可持续生存能力,电商平台成了保障"菜篮子"、防疫产品供应的重要渠道,在线办公、在线医疗、在线教育业务也得到了大范围推广。网络文娱等线上需求激增,腾讯公司的单款游戏在除夕当天的销售额即达约 20 亿元。据中国信通院预测,受疫情影响,预计 2020 年数字经济增速将放缓 3.1~3.8 个百分点,为 14.2%~14.9%,但仍是 GDP 增速的 2.8~3 倍。① 可以预见,数字变革将急剧改变生产生活方式,数字将成为重要的生产要素,引发全球经济格局的重塑,给各国经济社会发展、国家管理、社会治理、人民生活带来重大而深远的影响。

第二节 疫情防控背景下广州数字治理的主要表现与潜在不足

一、数字治理有效支撑了城市经济社会的稳定运行

疫情防控期间,城市数字化治理促进了生产生活、经济社会的多个方面向数字化、网络化、智能化迈进,城市治理在治理手段、治理主体、治理形式、治理机制等各方面呈现出了许多新特征。

1. 数字设施广泛部署提升了应急监测能力

疫情防控期间,广州及时运用大数据技术分析人群流动特征、重点布防热点区域,加大了运用人工智能设施对交通站点等大规模人员集散的公共场所开展快速有效的体温筛查的力度,使用 5G 设

---

① 参见孙克《疫情对数字经济发展及宏观经济的影响如何?》,载《人民邮电报》2020 年 3 月 4 日,第 4 版。

施服务远程医疗、资源配送,推广了车辆识别和人脸识别卡口、门禁等物联网终端识别系统的应用,有效实现了对人员信息和健康状况的数据采集,推动了关于疫情的有效和精准监测,数字信息挖掘分析对政府企业科学制定决策产生了助力。

2. 数字主体多元化参与丰富了社会治理主体结构

以往,社会治理主要是由政府部门发挥主要的领导与推动作用,在此次疫情防控中,大量互联网公司运用大数据分析、展示了疫情动态,为防控疫情和复工复产提供了重要支持。[①] 以数字化企业为典型代表,新型社会主体的公益能力和责任意识、参与意识都有了极大的提升,一些互联网企业、互联网公益组织、科技企业等新型主体也积极参与到城市运转与社会治理中。如微信、广药、广汽、立白、香雪制药、金发科技、佳都科技、金域医学等科技型企业在信息采集与发布、防疫试剂研发生产、紧急资源生产与调配,以及在防控疫情与恢复生产中都发挥了重要的甚至关键性的作用,成了抗击疫情的重要生力军,极大地改善了社会治理的主体结构。

3. 丰富的数字应用场景便利了生产生活

疫情期间,总需求和总供给方面的宏观环境有所改变,但因疫情而滞后的消费在一定程度上缓解了对全年消费增长所造成的冲击。[②] 尤其是数字应用场景得到了极大拓展,如各类 App 及小程序覆盖了疫情期间市民的物品采购、在线工作、在线学习、在线医疗、在线健康管理等生活需求。广州"穗康"小程序的使用覆盖全市,至 2020 年 2 月 16 日(离开通不足 1 个月),注册人数和上报健康自查信息人数均超过千万人次,累计访问量超过 6 亿次,在线问诊达到 10 多万人次;全市学校实现了在线教学学习;金融、互联网等服务行业主要实行在线办公模式;物流实现了无人接触配

---

① 参见王伟玲、吴志刚《冠肺炎疫情影响下数字经济发展研究》,载《经济纵横》2020 年第 3 期,第 16～22 页。
② 参见郑安琪《新冠肺炎疫情对数字经济消费的影响及对策》,载《信息通信技术与政策》2020 年第 2 期,第 78～82 页。

送；广州多家高水平医院开通了"发热门诊"在线问诊、5G+远程会诊等功能。广州市越秀区运用数字技术实现了线上线下 24 小时为老人提供防疫及生活服务。数字技术在生产生活中的融合应用保障了市民生活需求，为广州有序复工复产发挥了重要作用，在全国都处于领先水平，表现出了强大的韧性，有效缓冲了疫情对经济社会的冲击。

4. 政府数字服务协同开展有效抑制了风险扩散

广州各层级政府部门在疫情防控期间的数字化服务能力得到了充分释放，公安、市场监管、医卫、城管、商务、边防口岸、宣传等主要防控部门充分协同，跨层级、跨区域、跨系统、跨部门、跨业务的数据资源整合融合效果显著，业务协同能力经受住了重大考验。广州近年来开展的智慧城市建设效果也开始彰显，如在物资和设施的运行指挥调度、交通物流数据融合、人员物资数据共享、跨业务协同等方面都反映出了数字服务的广泛应用，这些方面有效支撑了政府的公共治理，有效地保障了社会稳定有序运行，降低了疫情防控对经济社会可能带来的次生风险，在全国产生了示范表率作用。

二、城市治理数字化与数字转型的潜在不足

数字变革加速推进，未来将颠覆工业时代的生产生活方式。经过此"疫"，城市治理数字化必然是推进城市治理体系和治理能力现代化的重要支撑手段和主要发展方向，发展数字经济必然是未来城市的新动能所在。由于当前还处于数字经济发展的初步成长阶段，城市治理数字化与经济社会数字化转型还有许多基础条件需要进一步夯实。

1. 数字生态要素尚不满足数字化治理需求

城市数字化治理的基础条件是具备数字生态构成要素，而提升城市日常运行状态监测和感知能力，建设物联网城市，可以建立简

单的数字生态。广州数字生态系统还不够完善，如 5G 等基础设施主要在中心城区部分区域处于示范应用阶段，还未实现全面覆盖；城市更新和旧城改造所需要搭建的云、网、端等数字化基础设施建设还未开展；广州的数字经济类企业主要集中在数字应用领域，而数字平台、数字基础设施型企业仍然较少，还难以与工业时代形成的大型企业相媲美，无法在经济社会运行中发挥支柱作用和产业链的辐射带动功能；新兴产业领域的"独角兽""单打冠军"类企业依然屈指可数，在全球数字企业中，还少有广州本土企业；在数字生态环境塑造方面，产业政策已陆续推出，部分法律法规的完善还需要全国乃至世界的共同努力。

2. 数字城市建设碎片化制约了数字治理统筹能力

城市数字化治理需要数字资源整合基础上的多元化、协同化统筹治理，但目前还面临诸多难题和挑战，此次疫情防控也暴露出一些不成熟、不协同的问题。一是政府决策导向、监管体系还不适应数字转型发展需要。传统的以行政决策为主导的模式尚未转向以大数据驱动的决策模式，条块分割的垂直管理体制、以事前准入管理为主的监管方式、依靠人力的传统监管手段、单边监管方式与跨部门协调管理趋势下的职责划分等都与数字经济趋势下的跨界发展、多元发展不相适应。二是城市数字资源与运营系统分散。未来城市将是以数字为核心的具有"统一的逻辑"的数字城市，但目前广州突出表现在数字资源的分散以及数字基础设施的重复投入、分散建设，以视频、"互联网+"等方式实现对城市"流"的信息掌控，而规划、建设、运营、管理等各领域的数字资源并不共享，数据设施标准不统一、无法对接。在商业与服务应用领域，数字资源则分散在平台企业中，产品和服务同万物互联的要求还相差很远。三是法律法规的冲突问题可能不断显现，这突出表现在数字信息安全、市场准入监管、伦理道德约束、技术标准统一等潜在的领域中，广州乃至全国在与数字技术相关的法律框架、技术手段、组织架构、能力建设等方面也都还不健全或处于探索阶段。

3. 传统产业数字化升级改造仍有壁垒

工业经济、服务经济是广州的支柱。总体上，广州制造业虽已取得了快速成长，但大部分仍处于中低端水平，少部分领域进入了自动化、技术驱动型阶段。传统产业利用数字技术的动力不足，信息化投入大、转换成本高，企业的基础支撑薄弱，应用数字技术能力不足，外部服务体系也处于探索阶段，对于如何改造也还未形成行业标准或规范。而且，数字技术发挥作用的时滞效应明显，需要3～10年时间才可能产生正向收益。从本研究调研的10多个行业的30多家规模以上企业的情况来看，大部分企业面临业务升级和转型的潜在困境，但企业家群体普遍还没有数字转型的意识，尚未能意识到数字经济对制造业产业链升级和生产方式转型革新的潜力，很少有企业数字化转型的需求，或者对数字驱动的意义还存有疑虑。传统服务业所占比重仍然较大，技术密集型企业和高精尖的全球领先型企业相对较少。

4. "数字+"应用场景拓展创新不均衡

数字经济的蓬勃生命力体现在应用领域，需要开放千变万化的应用场景进行数字技术的广泛应用，从而促进数字生态体系可持续的良性循环。目前，产业数字化的行业不均衡现象明显，广州的数字经济应用侧重于服务业领域，且以生活性服务、消费类服务为主导，制造业领域、生产领域的数字化应用还较少。数字经济在消费领域与生产领域发展不均衡，医疗、教育和文化娱乐等生活服务业数字化应用较快，但创新、设计、生产制造等领域和产业链环节数字化的投入和应用仍然不足。广州在全国数字行业中的知名企业均为服务业企业。

5. 中短期内数字转型潜在风险初步显现

受疫情冲击，中小微企业、制造业企业的复工受到很大影响，潜在风险仍然存在，传统劳动密集、资金密集型的企业面临着生存压力。数字化、"互联网+"程度较高的服务业在短期内或有分化，但恢复能力都较强。一方面，传统企业面临转型压力。企业的数字化转型面临巨大的不确定性，市场竞争和升级方式彻底改变，不仅需要重视产品质量、价格等终端因素,更需要重视数字化渠道、生产方式等全新产投体系,这对传统企业的挤出效应显现,可能引发部分实体企业退出。另一方面,劳动人口结构性失业加剧。在数字经济时代,需要有大量的掌握数字技能的人才,而目前产业工人普遍缺乏数字素养和能力。数字经济领域的创新型企业也缺乏领军人才、从事核心技术或处于关键技能岗位的人员和高校毕业生、跨界融合型的复合型人才,缺乏扎根本土的企业家领袖和一大批创新型企业家,数字行业核心技术和关键产品主要依靠进口,面临"创业难"的重要挑战。

第三节 加快推进广州城市治理数字化与数字转型的建议

一、补齐壮大关键环节,健全数字经济发展新生态

1. 加快建设广覆盖的数字基础设施体系

疫情结束后,数字基建、智能交通、5G等必将成为投资重点。广州要提高数字设施建设密度与覆盖领域,围绕云计算、大数据基础设施,信息网络基础设施,城市数字化基础设施三类硬件设施以及数字化软件设施开展研发和部署;推动以5G为核心的网络宽带升级,尽快开展IPv6网络建设和普及,充分满足智能制造、物联网、智慧城市等的数字化设施需求;建设云计算、大数据基础设施,构建全光网城市,布局超大容量光传输系统、高性能路由设备和大数据云平台等基础设施;重点攻关关键共性技术、现代工程技术创新,促进全城数字设施的顺畅融合。

2. 大力发展平台经济、共享经济新业态

一是大力发展平台经济。数字平台的普遍推广和应用,使得大

量数据得以沉淀，在大数据的辅助作用下，企业经营管理模式发生转变，流通开始优先于生产，实现了对"生产中心论"的颠覆。数据信息日益成为驱动市场进行高效资源配置的核心要素，成为诸多公司竞相获取的资源和进行交易的商品。① 广州要发挥政府引导作用，着力培育行业和跨行业的平台经济体、"独角兽"企业，打造数字经济"生态群落"；整合区域产业资源，发展融合型数字经济和服务型数字经济两大类型的数字经济平台，打造智能制造、智能服务平台，优先建设数字医疗健康平台、工业互联网平台、城市智能管理平台、电子商务、金融科技、数字文化艺术平台等。二是大力发展共享经济。广州要支持新兴企业借助数字信息平台实现产业链各环节用户的资源共享，连接起产品、商品所有者和使用者，在共享工厂、共享城市设施、共享教育医疗文化等各个领域规范发展，构建"存量资源+共享平台+人人参与"的新经济模式，提升城市资源配置与利用效率。

3. 大力培育数字应用型新企业

抢占未来数字经济发展先机，广州不能局限于单一产业链或者局部应用领域，应发挥广州中心城市的市场优势，大力培育数字应用型企业，促进关键技术研发、数字资源整合、内容生产、数字平台建设、连接服务的终端整合，以数字技术跨界融合应用全面促进实体经济转型升级，改造提升传统产业，形成以数据资源为核心要素、以信息技术为变革动力及以数据融合为作用方式的数字应用型企业，重新构造产业链、供应链、服务链、信用链、资本链、价值链，把数字应用型企业作为构建现代化经济体系、实现高质量发展的重要动力。

---

① 参见蔡超《论数字平台的兴起与数据商品的生成——基于马克思主义流通理论的考察》，载《消费经济》2020年第6期，第17~24页。

二、建设城市"大脑"平台,健全城市数字治理新体系

1. 构建城市数字治理机制

广州应正确处理好政府和市场关系,建构整体、协同、系统的数字化治理格局。我们要吸取近年来的经验,探索构建包容创新的审慎监管制度,加快法规政策动态调整,推动数字经济法律"立改废释",解决旧制度和新业态之间的矛盾,推进多元化治理体系建设,解决好"由谁治理"的问题,构建多元化、立体化的治理主体;解决"治理主体之间关系"的问题,构建分工协作、边界清晰、平衡互动的治理机构;解决"怎么治"的问题,构建运用大数据、云计算等数字技术的治理手段;解决"治理保障机制"问题,构建法律、监管、政策多位一体的治理制度;优化市场公平竞争机制,破除行业壁垒和限制,健全市场退出机制;严厉打击网络不正当竞争和违法犯罪行为,加强知识产权保护。我国社会主义集中力量办大事的制度优势为数字经济发展提供了坚实保障,[1] 我们要充分发挥这一制度优势,克服数字化技术的垄断引起的失衡。[2]

2. 整合"数据孤岛",建设城市大脑

广州应整合分散孤立的数据信息资源,通盘考虑城市治理数字化平台建设,构建城市数字"大脑",避免重复建设,保证数据的权威、准确、统一和充分利用,保障数据高效地共享、交换与整合,保证数据的更新维护和信息安全,保护和节省公共投资。我们要打破各部门的垂直、条块管理方式以及消除周边城市的"数据孤岛",规范统一各类软件信息系统的协议和标准;以公共民生领

---

[1] 参见鲁俊群《大力发展数字经济是高质量发展必由之路》,载《红旗文稿》2019 年第 3 期,第 26~28 页。
[2] 参见杨慧玲、张力《数字经济变革及其矛盾运动》,载《当代经济研究》2020 年第 1 期,第 22~34、112 页。

域为优先,推广物联网、人工智能等数字技术在医疗、教育、环保、交通、电力等方面的应用;充分提升广州大数据设施和服务平台的辐射功能,促进"数字湾区"建设。

3. 加快数字信息安全立法

在立法权限内,广州可以探索加快推动相关立法进程,从法律框架、技术手段、组织架构、能力建设以及国内外合作等方面构建数据安全体系,特别是要在关键基础设施安全、数据安全和各类信息保护、网络传输安全、新技术新应用安全、伦理道德等领域,加快制定数据安全保护法律规章、管理办法,及早建立制度保障。

三、防范风险与强化基础相结合,增强数字经济发展新活力

1. 加大数字经济政策支持

广州要研究出台数字经济长期战略性规划,分步骤强化数字生态基础,在部分领域形成比较优势,重点围绕数字生态基础要素端、平台架构主体、融合应用领域、规制保障四大方向加快开展中长期的系统化构建。近中期内,广州要以人工智能与数字经济试验区建设为引领,培育和吸引各类数字企业扎根广州,激发出市场的决定性作用:一方面,要支持数字原生型企业健康发展,审慎包容企业新模式、新业态发展,放宽企业准入标准,重点支持重大平台建设,重点人才团队引进和重大技术攻关,开放数据共享,开放城市基础设施数字化升级市场,合理开放数字基础设施使用,以广阔的市场需求支撑企业的可持续发展;另一方面,要协助降低传统企业数字化转型的潜在风险,协助搭建上下游数字服务对接渠道和产学研合作平台,对转型企业予以科技资金支持,优先采购本地企业产品和服务。

2. 提升市民数字素养与能力

研究表明,数字经济对就业会产生替代效应和抑制效应,在制造业上体现为数字经济扩大了高技术密集型产业就业规模但削减了

劳动密集型产业和中技术密集型产业就业规模,在服务业上体现为数字经济促进了包括生产性服务业、消费型服务业和公共组织的就业规模扩大,使得就业结构发生了很大改变。[①] 我们应适应这一趋势,提高市民数字能力,大力培育形成"数字产业人才+数字应用公民"两类群体,具体来说有以下内容:以数字平台企业、数字科研机构、高校院所等数字初创人才基地、数字应用类企业和组织为重点,大力引进和培育形成扎根广州的战略性科学家、行业领军人物,以及数字战略管理、深度分析、产品研发、先进制造、数字化运营和数字营销等领域的数字技能人才和产业从业群体;引导和鼓励高等院校、科研机构和职业技术学院设立数字经济专业和研究培训机构,不断提升中等技能人才的数字技能水平,构建数字经济人才群体;普及数字教育,加快探索从基础教育阶段开展数字化课程教育,促进数字专家、数字服务组织进课堂、进社区,培育新生代公民群体;开展公民数字知识的再教育、继续教育,提高公民适应数字时代的就业创业能力。

---

① 参见孟祺《数字经济与高质量就业:理论与实证》,载《社会科学》2021年第2期,第47~58页。

第十二章 广州数字经济发展环境建设与比较评价

数字经济正在加速推动传统体系重塑、动力变革与范式迁移，正在全方位重塑生产主体、生产对象、生产工具和生产方式，必须有与之相适应的发展生态环境，然而，面向数字时代的成熟运转的人类社会环境尚在培育中，传统工业时代的经济社会环境仍然是数字经济发展的"温床"，城市作为技术创新与运用的主要承载空间，仍有必要围绕数字经济各类要素成长的特点，努力打造数字生态环境。在这一层面上，广州等超大城市必须发挥使命担当，牢牢把握数字经济发展趋势，营造高质量的数字经济发展环境。

第一节 创 新 环 境

一、城市综合环境

数字经济的发展离不开良好的城市综合发展环境，经济基础、科技创新能力决定了数字产业、数字技术的孕育基础。根据中国社会科学院发布的城市竞争力报告结果，广州在国内城市综合经济竞争力排名中位列第5，仍居第一梯队。城市可持续竞争力、营商软环境竞争力、科技创新竞争力均处于5至10名之间。（见表12-1）显示出广州支撑数字经济发展的城市综合环境具有较强国内竞争力，但仍有提升空间，特别是在科技创新领域。

第十二章　广州数字经济发展环境建设与比较评价

表 12-1　2020 年中国城市竞争力排名①

排名	综合经济竞争力排名	城市可持续竞争力排名	营商软环境竞争力排名	科技创新竞争力排名
1	深圳	香港	北京	北京
2	香港	深圳	香港	上海
3	上海	台北	上海	香港
4	北京	上海	台北	台北
5	广州	北京	杭州	杭州
6	苏州	广州	南京	深圳
7	台北	苏州	广州	武汉
8	南京	南京	深圳	广州
9	武汉	青岛	武汉	南京
10	无锡	武汉	西安	西安
11	杭州	无锡	天津	成都
12	成都	台中	成都	合肥
13	宁波	天津	大连	苏州
14	佛山	厦门	青岛	天津
15	澳门	东莞	苏州	青岛

在更小的区域范围内，我们也对粤港澳大湾区的数字经济发展环境做了分析（见表 12-2），通过分析可知，广州数字经济发展总体实力和发展环境与深圳、香港总体上差距不大，三城形成了核心城市格局，深圳已经初步具备全球竞争力，广州在国内具有领先优势，香港则具备金融、营商环境等支撑条件优势，而湾区其他城市还处于传统的工业化阶段。广州已经具备一定的产业体系优势和

---

① 参见《中国城市竞争力第 18 次年度报告发布预告》，见 http://gucp.cssn.cn/yjcg/zcjy/202010/t20201027_5201689.shtml，最后访问时间：2021 年 7 月 26 日。

较为完备的工业体系，创新成果的场景应用空间广泛、产业转化能力强；香港的基础创新能力较强，但缺乏必要的工业化基础。

二、研发投入环境

数字经济技术含量高的许多技术仍在创新中，需要巨大的投入，也需要城市拥有良好的创新投入环境。例如，广州研发经费投入相比往年已经有很大的提高，特别是 2020 年广州基础研究投入占 R&D 经费比重达 13.9%，创历史新高，接近世界先进国家水平。但通过对比分析也可以看出，广州也仍有继续努力的空间，虽然其集聚了广东全省近 70% 的高校和科研机构资源，但在创新支撑条件上，与同为全国超大城市、第一梯队城市的北京、上海、深圳相比，差距还是比较明显的。（见表 12 - 3）截至 2019 年年底，广州在研发经费投入总量（居全国城市第四）及其占 GDP 比重、发明专利授权量、PCT 国际专利申请量等创新主要指标方面暂不及北京、上海、深圳，研发投入尚未过千亿元门槛，主要原因在于缺乏领先型科技企业、科研院所和高校研发投入占比不高以及政府财力有限。这些不足显然会影响城市创新活力，制约数字经济、战略性新兴产业等新经济、新产业的创新发展和资源集聚。

表12-2 粤港澳大湾区各城市数字经济发展水平评价

重点领域	大湾区总体表现	分城市评价									
		深圳	广州	东莞	惠州	佛山	珠海	中山	江门	肇庆	香港	澳门
数字技术	相对美国、日本、韩国、德国等科技发达城市较为落后;在国内处于第一梯队,部分领域相对滞后于京津冀、长三角区域	★★★★★	★★★★	★	★	★	★	★	★	★	★★★★	★
数字生态	基于平台的数字应用、数字服务规模较大,业类应用在全国应处于全国前列;高端数字人才、团队数字人才仍较缺乏,科技金融体系不发达	★★★★★	★★★★	★★	★	★	★★	★	★	★	★★★★	★

续表12-2

重点领域	大湾区总体表现	分城市评价										
		深圳	广州	东莞	惠州	佛山	珠海	中山	江门	肇庆	香港	澳门
数字转型	工业企业仍主要处于机械化、半自动化阶段，数字工厂还较少，城市管理依靠人力，碎片化管理的状况未有根本性改变	★★	★★★★	★★	★	★★	★★	★	★	★	★	★
政策支持	政府已经比较重视数字经济，但起步相对较晚，战略设计、政策支持力度、系统性还有待加强	★★★★★	★★★★★☆	★★★	★	★★	★	★	★	★	★	★

注：假定全球最高发展水平为★★★★★。

表12-3 各城市创新要素的比较（2019年）

指标项目	北京	上海	广州	深圳	杭州
A. R&D经费内部支出（亿元）	2233.59	1524.55	677.74	1328.28	530.42
B. R&D投入占GDP比重（%）	6.31	4.0	2.87	4.93	3.4
C. PCT国际专利申请量（件）	7165	3200	1622	17459	1106
D. 专利授权量发明授权（件）	53127	22735	12222	26051	11748
E. 信息传输、软件和信息技术服务业从业人员数（万人）	112.9	74.96	57.2	72.47	26.30
F. 全市法人单位从业人员年末人数（万人）	1163.9	1376.2	1125.89	1283.37	460.34
G. G=E/F（%）	9.70	5.45	5.08	5.65	5.71

注：杭州从业人员数为非私营及规模以上私营单位从业人员数。
数据来源：各市2020年统计年鉴。

三、科学设施支持环境

从科技基础设施看，广州在国家战略性科技力量的布局中已经具有一定优势，但也还存在一定差距。截至2020年年底，广州已建成国家重点实验室20个（占全省69%）、省级重点实验室241个（占全省61%），市级重点实验室176个，国家级、省级重点实验室的数量均居全省第一，建成了1597个省级以上工程研究中心、工程技术研究中心、企业技术中心。自2015年以来，全市科技企业孵化器从119家增长到了384家，国家级科技企业孵化器从16家增长到了35家，众创空间从14家增长到了271家，国家备案众创空间从2015年的14家增长到了58家，在孵企业（团队）超过

1万家（个）。在2020年自然指数（Nature Index）[①] 科研城市排名中，广州居全球第15位、全国第5位，仅次于北京、上海、南京、武汉。

在产业重点集聚平台和产业化能力方面，国家高新区最能够代表城市高科技产业的发展情况。国家科技部火炬中心2020年度国家高新区评价结果显示（见表12-4），在全国各地的国家高新区中，北京、深圳、上海、苏州、武汉居前5位，广州高新区排第6位，这也是近年来广州的最佳名次。与前五位相比，从评价指标看，广州高新区并不输在主导产业以及所拥有的高新技术企业上，而主要是在国际人才集聚和培育、高新技术企业走出去、企业国际品牌建设、本土企业境外投资等方面，以及R&D投入强度、发明专利、大型科技龙头、人才吸引力等方面相对存在短板，从而导致其国际化和参与全球竞争的能力、知识创造和技术创新的能力等稍微落后。

表12-4 广州与京、沪、深、杭国家级高新区发展水平比较

高新区名称	主导产业	综合排名（2020年度）	知识创造和技术创新能力排名	产业升级和结构优化能力排名	国际化和参与全球竞争能力排名	可持续发展能力排名
北京中关村	电子信息、光机电一体化、新材料、新能源及高效节能、生物医药、医疗器械	1	2	1	3	2

---

① 自然指数（Nature Index）是依托于全球顶级期刊（2014年11月开始选定68种，2018年6月改为82种），统计各高校、科研院所（国家）在国际上最具影响力的研究型学术期刊上发表论文数量的数据库。这个数据库可以根据各机构的论文发表数量及类别来进行排名和期刊索引。

续表 12-4

高新区名称	主导产业	综合排名（2020年度）	知识创造和技术创新能力排名	产业升级和结构优化能力排名	国际化和参与全球竞争能力排名	可持续发展能力排名
上海张江高新区	电子信息、生物医药、光机电一体化	2	4	2	4	1
深圳高新区	电子信息、光机电一体化、生物医药	3	3	6	1	6
苏州高新区	信息技术、生命健康、节能环保	4	6	3	2	6
广州高新区	电子信息、生物医药、新材料	6	7	5	14	7

数据来源：科学技术部网站。

在产学研合作方面，广州在粤港澳大湾区范围内具有显著优势，广州的省会优势突出，集中了省内大部分与政府公共服务、公益服务相关的行业组织、高校等产学研主体，而深圳、佛山、东莞与市场经营、产业发展相关的行业协会居多。合作的主要难点在于创新成果转化率不高；主要问题在于如何科学设计创新成果转化的体制机制，才能促进众多实验室成果、原始创新成果实现产业化。

广州的弱项主要在于基础研究领域仍缺乏重大科技设施、重大科技成果、重大科技团队，比如在数字经济方面还没有顶尖研究机构，在区块链、人工智能、云计算等方面还没有国际知名的技术成果或团队。在重大设施方面，2020年，北京、上海、合肥已获批建设综合性国家科学中心；北京分子科学、武汉光电等 6 家国家研究中心已批准组建，暂无国家研究中心落户广州；北京、上海、武汉、合肥均拥有国家级大科学装置，广州现阶段并没有。而截至 2017 年 9 月，北京就集聚了全国过半数的人工智能骨干研究单位，拥有 10 多个人工智能领域的国家重点实验室。

第二节　市　场　环　境

市场主体的总体实力、活跃程度、创新创业程度通常能够反映出地区的市场发展环境，结合数字经济行业特点和发展趋势，可以从数字平台经济、独角兽企业、初创型企业的竞争能力等方面大致了解市场环境的综合吸引力。

一、科技金融环境

数字经济需要大量的金融资源投入。广州现代金融服务体系相较北京、上海、深圳仍有差距。2018 年，上海和北京金融业增加值均超过 5000 亿元，远高于深圳（3067.21 亿元）、广州（2079.46 亿元）和杭州（1197 亿元）。此外，对数字企业来讲，强大的风投资本集聚极为关键，与国内发达城市相比，广州风投创投机构稀少，基金管理规模较小（见表 12－5），且无一家 VC（风险投资）机构进入全国风投创投机构 20 强，如北京、杭州已先后培育出蚂蚁金服、滴滴出行、阿里云、美团等千亿级超级"独角兽"，而广州仍为空白。

表12-5 2018年广州、深圳、杭州风投创投资本规模的比较

指标项目	广州	深圳	杭州
风投创投基金管理人家数（家）	409	2461	1779
风投创投机构管理基金净资产（亿元）	2475	8299	—
拥有全国风投创投机构20强（家）	0	5	3

资料来源：广东省国家自主创新示范区建设工作办公室《2018年全省各地市创新驱动发展"八大举措"监测预评估报告》（粤自创办字）〔2019〕1号，全国风投创投机构20强数据来自创业时代网。

沪港发展联合研究所发布的《中国风险投资城市报告1998—2018》显示，中国风险投资地理集中趋势明显，上海、北京和深圳是中国内地风险投资的主要聚集地，三者合计占全国比例超过50%，而广州还不是中国风险投资的重要节点。近年来，企业风险投资（CVC）越来越成为互联网领域的重要投资者，亚太地区成了CVC的全球热点区域，在中国也已经兴起一批头部企业，以阿里、腾讯、复星、海尔、京东、美团等平台企业为代表，主要投资在互联网、IT、电信及增值业务等行业。而广州还没有企业风险投资的领先企业，另外，与北京、上海、深圳相比也并非风险投资的热点城市，如在人工智能领域，根据赛迪研究院数据，2018年广州仅有5起投融资事件，金额也仅为29亿元（见表12-6）。

表12-6 2018年中国人工智能投融资额度与事件数

城市	投融资金额（亿元）	投融资事件数（个）
北京	784.9	88
深圳	119.5	34
上海	121.8	33
杭州	13.9	15
广州	29	5

续表 12-6

城市	投融资金额（亿元）	投融资事件数（个）
苏州	6.3	5
南京	1.4	3
成都	6.5	2
天津	3	2
武汉	1.2	2

数据来源：赛迪研究院，《2019 赛迪人工智能企业百强榜研究报告》。

值得提出的是，2020 年《深圳建设中国特色社会主义先行示范区综合改革试点实施方案（2020—2025 年）》发布后，深圳设立了天使母基金，规模已经达到 100 亿元，承诺对于社会风险投资资金投资深圳种子期、初创期的企业，如有亏损的，深圳国资基金平台将承担 40% 的风险损失，这一支持的方式和力度都是极富开创性的。

二、产业链支持环境

数字技术、数字产业属于新兴产业，需要相应的产业环境予以支撑。

在基础端，基础性产业发展和与高端产业的融合发展，以及关联产业的高质量发展显著有利于数字经济的产业链条有序发展和活力释放。以软件和信息技术服务业为例，广州的收入规模达到了 4464.04 亿元，在国内 15 个副省级城市中，继续位列第 4，低于深圳、南京、杭州（见表 12-7），但与北京（15677.4 亿元）、上海两个直辖市相比（6479.5 亿元）则差距较大。而在制造端，广州高技术制造业、①战略性新兴产业近几年来都保持了中高速增长，显著高于国民经济增速，但其规模与上海、北京、深圳相比，差距仍然较大。如 2019 年，广州高技术制造业增加值（592.87 亿元）仅约为深圳的 10%，战略性新兴产业增加值不足的深圳的 1/2，即使与省内的城市相比，广州也缺乏明显优势，广州高技术制造业产业增加值也低于东莞（1667.52 亿元）、惠州（705.64 亿元），这凸显出广州制造业体系整体实力还需要持续提升，作为数字经济融合发展的主战场，其必须具备强大的工业基础和新兴工业体系作为数字技术广泛应用的基础支撑。

表 12-7 2020 年 1—11 月广州与国内其他副省级城市软件和信息技术服务业的收入对比

城市	软件和信息技术服务业收入（亿元）	企业个数（个）	增速（%）	其中				利润总额（亿元）
				软件产品收入（亿元）	信息技术服务收入（亿元）	信息安全收入（亿元）	嵌入式系统软件收入（亿元）	
深圳	7208.23	2020	13.1	885.25	4406.67	34.84	1881.47	1213.65
南京	5202.00	3750	15.1	1674.00	3021.00	65.00	442.00	537.00
杭州	5097.65	952	14.4	1304.16	3564.83	8.29	220.36	1447.23
广州	4464.04	2220	13.9	1105.01	3146.00	98.94	114.09	703.62
成都	3416.11	1780	12.6	1101.51	2105.34	84.34	124.91	437.53
济南	2900.56	1930	12.7	1132.28	1656.29	20.70	91.30	148.38

---

① 根据国家统计局规定，高技术产业包括医药制造业、航空航天器及设备制造业、电子及通信设备制造业、计算机及办公设备制造业、医疗仪器设备及仪器仪表制造业、信息化学品制造业，战略性新兴产业是指节能环保、新一代信息技术、生物、高端装备、新能源、新能源汽车、新材料等工业。数据来源：各市 2020 年统计年鉴、广东省 2020 年统计年鉴。

续表 12-7

城市	软件和信息技术服务业收入（亿元）	企业个数（个）	增速（%）	其中				利润总额（亿元）
				软件产品收入（亿元）	信息技术服务收入（亿元）	信息安全收入（亿元）	嵌入式系统软件收入（亿元）	
西安	2374.01	710	13.5	682.38	1469.09	6.66	215.88	150.85
青岛	2090.20	1833	10.2	667.49	744.61	46.51	631.59	183.09
武汉	1845.05	2436	-2.6	861.39	895.96	11.33	76.37	199.82
厦门	1677.09	1915	11.8	348.67	997.39	11.10	319.93	108.23
沈阳	1030.06	1149	5.2	525.78	391.18	106.93	6.18	58.97
宁波	921.57	753	22.6	221.91	390.52	3.66	305.47	84.23
大连	581.63	518	13.4	241.61	321.56	14.76	3.69	35.43
长春	118.96	318	-13.4	41.25	46.50	5.00	31.21	16.10
哈尔滨	28.84	116	-0.8	5.11	19.27	0.61	3.85	0.99
合计	38955.98	22400	12.4	10797.79	23176.21	513.69	4468.30	5325.15

资料来源：工信部，《2020 年 1—11 月软件和信息技术服务业主要指标分省表》。

如前文所述，平台经济是数字经济企业形态演变的重要方向之一，平台企业往往是数字经济生态系统形成的重要枢纽或节点，如在当前阶段下，谷歌、IBM、微软、Facebook、阿里、腾讯、京东、美团等国内外企业自身就代表了一个行业领域的发展生态，链接了产业链上下游及关联产业的网络化、交互化、平台化发展。对于城市而言，拥有能够整合庞大生产和服务资源的平台企业显然是有利于数字经济生态的形成乃至盘活整合城市资源的。

具体至广州，在互联网领域，虽然已经拥有唯品会等互联网领域的平台企业，但优势并不突出（见表 12-8），如在中国互联网百强企业中，广州仅有 7 家企业，且主要是分布在消费领域，对产

第十二章 广州数字经济发展环境建设与比较评价

业的赋能作用相对较弱。

表12-8 广州数字经济平台型企业排名

项　目	广州企业数量	名单（排名）
中国互联网百强企业2020年①	7	网易（6）、唯品会（24）、华多网络（30）、多益网络（44）、荔支网络（84）、汇量科技（85）、趣丸网络（94）
全球人工智能企业百强2020年	0	—
全国人工智能百强企业2019年②	3	网易、云从科技、小马智行
工业互联网50强企业2020年③	1	树根互联

在新经济领域，"独角兽"企业也是平台经济的代表性业态，"独角兽"企业的分布情况代表了区域创新能力崛起的实力，广州"独角兽"企业数量不多且排名相对靠后。根据 CB Insights 公司发布的 2020 年全球"独角兽"企业榜单（见图 12-1），全球 436 家"独角兽"企业分布在数字经济几乎所有领域，美国、中国（含中国香港）、英国、印度和韩国分别为 214 家、107 家、22 家、19 家、12 家，而广州企业仅为 6 家，低于北京、上海、杭州、深圳。

---

① 参见中国互联网协会《中国互联网企业综合实力研究报告（2020）》，2020年10月29日发布，第28～35页。
② 美国风险投资数据公司 CB Insights 发布了"2020年人工智能初创企业排行榜"，中国有6家企业上榜，分别是新奇智、禾多科技、追一科技、第四范式、松鼠AI、蓝胖子机器人。
③ 工业和信息化部主管的《通信产业报》在2020年中国国际信息通信展览会发布了2019—2020年度中国工业互联网50佳榜单。

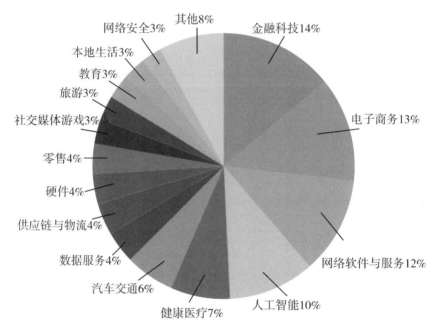

图 12-1 2019年全球"独角兽"企业行业分布状况
数据来源：CB Insights 公司。

三、创新创业活力环境

广州数字经济从业人员快速集聚，但相对竞争力并不够强。人才是创新的第一资源，是数字经济发展环境的根本支撑，也是检验数字经济发展环境质量的重要参照。

在政府统计中，与数字技术直接关联的从业人员主要是信息传输、软件和信息技术服务业从业人员，截至2019年年底，广州该行业从业人员达到了57.2万人的历史新高，占全社会从业人员的比重超过5%。近年来，广州的信息传输、软件和信息技术服务业从业人员数量及增幅都实现了大幅增长，预示了城市人才的流动方向，以及未来产业发展的活力所在。而与北京、上海、深圳相比，

第十二章 广州数字经济发展环境建设与比较评价

广州的信息传输、软件和信息技术服务业从业人员数在规模和占比方面都还不具备领先优势。（见表12-9）

表12-9 广州与相关城市信息传输、软件和信息技术服务业从业人员数量及占比

指标项目	广州	北京	上海	深圳	杭州
A. 信息传输、软件和信息技术服务业从业人员数（万人）	57.20	112.90	74.96	72.47	26.30
B. 全市法人单位从业人员年末人数（万人）	1125.89	1163.90	1376.20	1283.37	460.34
C. C=A/B（%）	5.08	9.70	5.45	5.65	5.71

再从对数字人才的吸引力看，广州受产业结构的限制，整体薪资水平竞争力不强，对中高端人才的吸引力度还不够。国内中高端人才职业发展平台猎聘发布的报告显示，从2017年第三季度到2018年第四季度这一年多时间内，杭州以10.47%的人才净流入率排名各城市第1，深圳和上海分别排名第10、第15，流入率分别为3.79%、1.49%，广州（0.04%）和北京（-0.16%）未进入前20（见图12-2）。清华大学、领英中国公司联合发布的《全球数字人才发展年度报告（2020）》结果显示，排名前5的城市依次是都柏林、柏林、新加坡、深圳、米兰，整体上欧洲城市和亚太城市居于前列。同时，北京、南京、广州、芝加哥、波士顿5个城市处于净流出状态。此外，初创型企业的集聚程度代表了区域孕育创新"种子"的能力。以科创板上市企业为例，科创板上市企业大部分都为数字经济或关联产业类市场主体，代表了未来的新经济竞争力。截至2020年2月17日，广州科创板上市企业达到4家，这一数据落后于北京、上海、深圳、杭州，且差距较大，显示出广州科技企业培育潜力的不足。

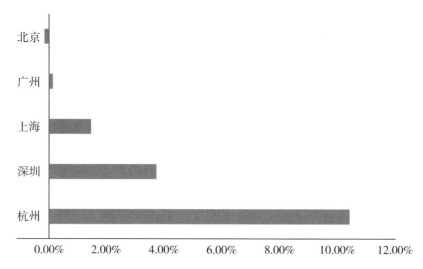

图 12-2　全国各城市中高端人才净流入率
（2017 年第三季度—2018 年第四季度）

数据来源：猎聘网，《2019 年人才前景趋势大数据报告》，第 14 页。

从吸引科学家的创新环境角度看，广州应思考打造什么样的城市创新创业和生活环境才是科学家所需要的。《2018 全球科学家"理想之城"调查报告》①的调查指标和科学家调查结果可以作为广州优化科研创新环境和优质生活环境的重要参照。（见图 12-3、图 12-4）相较于这些指标因素，我们认为，广州显然还有许多短板亟待补齐。

同时，城市对青年人才的吸引力也非常重要。笔者所在团队也针对在广州创新创业的 120 多名港澳籍青年企业家开展调研访谈，从中也能够反映出广州在吸引人才的环境方面的不足。（见图 12-5、表 12-10）

---

① 上海市科学学研究所与施普林格·自然集团（Springer Nature）于 2018 年联合开展了面向全球主要国家和地区 654 名一线科学家的问卷调查，并形成了《2018 全球科学家"理想之城"调查报告》，以了解全球科学家选择生活、工作和创业所在城市和地区的主要理由，以及城市吸引国际高端科技创新人才的主要因素。该报告结果对于吸引集聚科技创新人才、加快建设全球科技创新中心具有重要参考意义。

第十二章 广州数字经济发展环境建设与比较评价

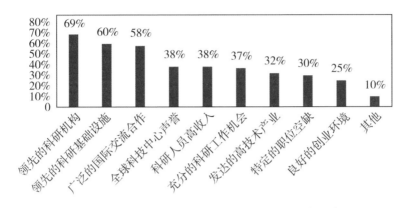

图 12-3 科学家选择理想工作城市的主要考虑因素

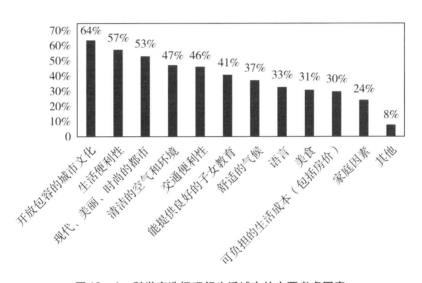

图 12-4 科学家选择理想生活城市的主要考虑因素

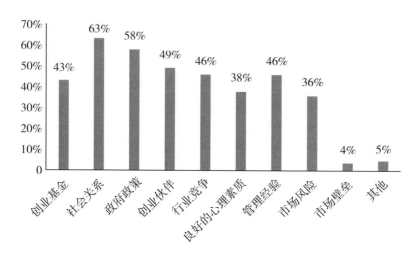

图 12-5 港澳青年在广州创新创业的影响因素

表 12-10 港澳青年希望广州为在穗港澳青年创业提供的支持

类 别	占比（%）
资金支持	66.4
市场信息	61.7
创业孵化基地	57.9
专家指导	54.2
创业教育	40.2
硬件设施	38.3
举办创业计划大赛	23.4
其他	1.9

第十二章 广州数字经济发展环境建设与比较评价

第三节 治理环境

一、城市治理环境

数字技术已广泛融入了城市管理的各领域，城市数字化治理水平集中反映了城市数字经济发展环境的良性循环水平。特别是在新冠肺炎疫情的防控中，广州的城市数字化治理能力经受住了极大的考验。中国经济信息社、中国信息协会和中国城市规划设计研究院联合发布的《中国城市数字治理报告（2020）》[①] 显示，在2019年度经济总量排名前100位的城市中，杭州、深圳、北京、上海、武汉、广州、郑州、苏州、东莞、西安的数字治理水平位列前10。广州与排名首位城市杭州的差距主要在于数字化手段应用的领域和场景的丰富程度、便利程度，杭州依托阿里巴巴等平台型企业，在全国最早以数字化手段驱动城市治理。

二、法治监管环境

数据治理的法治化问题，也就是数据治理主体的权利义务的设定及其关系模式的制度安排应如何符合法治要求的问题。个人信息保护的不足与过度，安全需求与自由焦虑，监管的扩张冲动与能力匮乏，主权国家之间的竞争甚至冲突等现象将始终在数字时代成为焦点议题，数字经济的发展显然要求我们的法律法规体系、行政司法执法体系等，都要做出一种全方位的与时俱进的调整。而目前，根据我国立法、司法的制度安排，国家层面仍然是开展相关立法的主体，在国家层面，已经出台了《中华人民共和国数据安全法》

---

① 该报告从数字基础设施、数字行政服务、数字公共服务、数字生活服务四个维度，对2019年度GDP排名前100位的城市数字治理水平进行了研究分析。

《中华人民共和国网络安全法》《中华人民共和国电子商务法》《互联网信息服务管理办法》《儿童个人信息网络保护规定》《个人信息出境安全评估方法》等多部法律法规和规范性文件，加快向数据治理的法治化方向迈进。在城市层面，立法的意愿越来越迫切，但大部分城市的立法工作都还处于起步或探索阶段，如上海于2019年发布了《上海市公共数据开放暂行办法》，北京互联网法院于2020年9月出台了《关于为促进北京数字经济创新发展提供有力互联网司法服务和法治保障的意见》，在国内具有领先性。广州还较少有在数字经济领域的相关立法。

第十三章　国内城市发展数字经济与城市数字化转型经验及启示

在数字中国战略下，各地积极推动经济社会的数字化转型和改造，这既是推动现代化发展的应有之举，也是推动高质量发展的必由之路。各城市迎来了新的发展契机，数字要素成了新的生产要素，数字经济成了推动城市高质量发展的新动能。广州与北京、上海、深圳、杭州同为全国数字经济第一梯队，其他4个城市加快发展数字经济的政策、举措与广州具有共性特征，也各有所长、各有所创，特别是针对数字经济起步阶段发展中遇到的挑战和困境做出了有益的探索，对广州高质量推动数字经济发展具有很好的借鉴意义。

第一节　北京、上海、深圳、杭州数字经济发展动态与经验

一、北京

北京作为全国政治中心、文化中心、国际交往中心、科技创新中心，拥有知名互联网及技术企业、高端科技人才、全国顶尖的科研机构、国家强有力的政策支撑等良好的数字产业发展基础，形成了比较完整的数字产业生态，互联网企业数量占全国的1/3，"独角兽"企业数量占全国的1/2，集成电路产业规模占全国的1/6，是"数字中国"建设的"领头羊"。

1. 加强顶层设计，以数字经济为重点育新机、开新局，打出政策组合拳

2020年6月上旬，围绕新基建、新场景、新消费、新开放、新服务，北京发布了"1+5"系列政策，提出了一整套相关政策措施，以求在危机中育新机，在变局中开新局，其中《关于加快培育壮大新业态新模式促进北京经济高质量发展的若干意见》《北京市加快新型基础设施建设行动方案（2020—2022年）》《北京市加快新场景建设培育数字经济新生态行动方案》《北京市促进新消费引领品质新生活行动方案》都重点指向数字经济，把握数字化、智能化、绿色化、融合化发展趋势，在疫情防控常态化前提下，持续拓展前沿科技应用场景，培育壮大疫情防控中催生的新业态、新模式，打造北京经济新增长点。北京明确了到2020年年底5G基站超过3万个，五环内和北京城市副中心室外连续覆盖；到2022年新建不少于5万个电动汽车充电桩，建设100个左右换电站；在车联网领域，3年内铺设网联道路300千米，建设超过300平方千米的示范区；以新场景建设为着力点和抓手，实施"十百千"工程，建设"10+"综合展现北京城市魅力和重要创新成果的特色示范性场景，复制和推广"100+"城市管理与服务典型新应用，壮大"1000+"具有爆发潜力的高成长性企业。

2. 以中关村等重点数字经济集聚区为引领，带动形成京津数字经济走廊格局

中关村国家自主创新示范区是我国各类新经济的重要创新发源地之一，也是引领我国数字经济创新发展的排头兵集聚区。北京推进新场景建设、培育数字经济新生态行动中大部分工作部署都与中关村相关，特别是在大数据、区块链等数字经济基础性领域，依托中关村在数字产业的领先优势，培育了一大批数字经济前沿科技企业，并扩散形成了京津数字经济走廊格局。截至2019年年底，中关村大数据企业达到了1600余家，产业规模年均增长达到20%以上，有效授权专利5800余件，全国领先。2019年，中国大数据企业50强中，中关村的企业有22家，占全国的44%，位居全国首

第十三章 国内城市发展数字经济与城市数字化转型经验及启示

位。同时，中关村国家自主创新示范区还在京津冀协同创新共同体建设中充分发挥了引领支撑和辐射带动作用，以大数据核心技术和产品研发、大数据与传统经济深度融合为典型特征的新型数字经济，以大数据深度行业应用等为合作重点，构建了跨京津冀的要素聚集、资源共享、产业上下游高效衔接、互利共赢的科技创新园区链。中关村企业在天津、河北设立的分支机构已超过 7400 家，形成了"一个京津冀，N 个中关村"的布局，拓展了区域发展新领域和新空间。

3. 改革创新制度安排，激活基础创新资源活力，推进全国科创中心建设

北京是首都，高校、院所、各类创新机构集聚，创新资源在全国独具优势，而如何激发活力最为关键。为深入贯彻落实习近平总书记视察北京时关于"北京要发展，而且要发展好"和"腾笼换鸟，构建'高精尖'的经济结构"的重要指示精神，建设具有全球影响力的科技创新中心，北京早在 2017 年已经着手部署实施了 220 多项工作任务和重点项目，深入推进体系化改革，其中具有较大借鉴意义的措施包括但不限于：加大对重大创新成果的奖励力度，支持事业单位科研人员、科研院所与企业开展合作；支持高校围绕新一代信息技术产业前沿领域设立相关学科，落实科研人员科技成果转化收益分配政策，鼓励企业通过股权、期权等方式进行激励；加大知识产权保护力度，充分发挥中国（北京）知识产权保护中心和中国（中关村）知识产权保护中心作用，实现软件和信息服务领域专利快速获权、确权和维权；针对符合条件的互联网应用商店、内容分发和开放平台等互联网信息服务企业，落实软件企业相关税收优惠政策；支持企业采用灵活的"双聘"制度；鼓励企业和科研机构建立国际开放实验室和境外研发中心，与全球著名大学、科研机构、跨国公司联合开展技术研究；密切关注全球人工智能领域顶尖专家学者，精准引进人工智能领军人才及其团队来京创新创业等众多改革性措施，以求激发各类主体活力。

二、上海

上海数字经济发展基础好、布局早，数字经济要素齐全，产业数字化转型走在前列，数字经济发展环境开放协同，综合实力全国领先，是国内外数字企业争相布局中国的首选城市，其在发展过程中形成的许多经验和举措值得借鉴。

1. 数字经济深度融入上海"五个中心"建设，推动实体经济高质量发展

上海多年来始终坚持国际经济、金融、贸易、航运、科技创新"五个中心"建设不动摇，在数字经济时代，更是大力发展集成电路、人工智能、智能制造等数字产业，促进数字经济与"五个中心"建设的广泛融合。如上海制定实施了科技创新中心建设深化方案，加快组建了国家实验室，建成并开放了软 X 射线、活细胞成像平台等大科学设施，全面启动了张江科学城第二轮 82 个项目的建设，加快形成了张江综合性国家科学中心基础框架。上海还全面实施了集成电路、人工智能、生物医药"上海方案"；在国际贸易中心建设中，其提出到 2021 年，上海要建成总部高度集聚的"数字贸易国际枢纽港"，数字贸易进出口总额要达到 400 亿美元，其中，数字贸易出口额要达到 260 亿美元，年均增速达到 15% 左右；打造 5 家估值超过百亿美元、有全球影响力、资源配置力和创新驱动力的数字贸易龙头企业；集聚一批引领数字贸易发展、具备价值链整合能力的数字跨国公司；培育一批国际竞争力强、发展潜力大的"独角兽"级创新企业，规模以上的数字贸易企业达到 500 家，形成建设数字贸易创新创业、交易促进、合作共享中心"一港三中心"的总体思路。上海力争将自身加快建设成为全球范围内要素高效流动、数字规则完善、总部高度集聚的"数字贸易国际枢纽港"。

第十三章　国内城市发展数字经济与城市数字化转型经验及启示

2. 更加系统化推进智慧城市建设，打造数字经济主战场，丰富全球城市建设内涵

智慧城市是数字城市能级和核心竞争力的重要体现。10多年来，上海在智慧城市建设方面已经走在前列。为更高质量地推动数字经济发展，同时也是针对国内智慧城市建设中的常见弊端，上海2020年提出要进一步加快智慧城市建设，更加强调全市"一盘棋、一体化"建设，更多运用互联网、大数据、人工智能等信息技术手段，推进城市治理制度创新、模式创新、手段创新，提高城市科学化、精细化、智能化管理水平，更加聚焦建设科学集约的"城市大脑"，强化数据资源的共享共用，保证全量汇聚的数据中枢高效运行；更加统筹推进政务服务"一网通办"，城市运行"一网统管"。上海以智慧城市建设带动数字经济活力迸发，促进新模式、新业态创新发展；全面优化新一代信息基础设施，提供更加有效的制度供给；显著增强城市综合服务能力，成为辐射长三角城市群、具有世界影响力的重要引领，并且努力实现至2022年建成国际数字经济网络的重要枢纽。

3. 建设了一批世界级大科学装置，集聚全球创新资源，奠定数字经济底层基础架构

数字要素不仅体现在基础性数字经济领域，更体现在数字经济关联领域，当今世界前沿技术的方方面面无不体现出数字要素的价值。围绕建设具有全球影响力的科技创新中心，上海多年来举全市之力，瞄准"全球学术新思想、科学新发现、技术新发明、产业新方向重要策源地"的目标，重点打造一大批世界级科技设施，建设世界一流科学城、世界一流实验室和世界级大科学装置集群，着力提高创新策源能力，布局光子大科学装置群、软X射线、活细胞成像平台、"人类表型组"精密测量平台等大科学设施，诞生出"蛟龙""天宫""北斗""天眼""墨子"和大飞机等多项重大科技成果，集成电路先进封装刻蚀机、光刻机等战略产品销往海外，细胞治疗、高端医疗装备领域的创新产品达到国际领先水平。一系列"科研重器"的背后直接体现出了数字技术的重大支撑作

用，直接奠定了数字经济的底层基础架构和配置全球创新资源的能力，形成了"满盘皆活"的蓬勃发展局面，而这也正是上海国际科技创新竞争力和数字经济创新实力、集聚能力的关键所在。

三、深圳

深圳数字经济产业领跑全国，近年来举全市之力支持数字经济产业发展，以信息化培育新动能，用新动能推动新发展。基于大数据、云计算等的新一代信息技术应用处于全球领先地位，物联网、大数据、云计算、人工智能、互联网金融等相关产业创新能力国内领先，培育了华为、腾讯、中兴等一大批数字企业。

1. 政策引领支持新基建，率先实现5G独立组网，构建数字基础设施体系

在深圳经济特区建立40周年之际，深圳宣布实现5G独立组网全覆盖，全市提前完成既定的4.5万个基站建设任务，5G覆盖程度全国领先。数字经济产业的发展离不开深圳近年来持续、不断加大的政策支持。深圳对数字经济产业的支持主要包含5G、人工智能、工业联网、大数据、云计算等新基建项目，在数字经济产业的各个细分领域相继制定了许多政策和措施，从而带动了相关领域的发展。2020年，深圳宣布启动2021年数字经济产业扶持计划，支持数字经济产业链关键环节和服务体系提升，其中单个项目资助金额最高可达300万元，其资助范围主要包括信息技术应用创新、互联网、大数据、云计算、信息安全、区块链等；另外，深圳发布了《深圳市数字经济产业创新发展实施方案（征求意见稿）》，提出重点扶持12大领域，包括大数据产业、云计算产业、区块链产业、信息安全产业、人工智能产业、集成电路设计产业、工业互联网产业、金融科技产业、智慧城市产业、电子商务产业、数字创意产业以及其他新业态；将制定出台全市大数据、云计算、区块链、工业互联网、新一代人工智能、集成电路等行动计划。深圳计划到2022年，全市数字经济产业增加值突破2400亿元，年均增速达

第十三章　国内城市发展数字经济与城市数字化转型经验及启示

15%左右,数字经济产业将成为推动深圳市经济社会全面发展的核心引擎之一,使深圳成为全国领先、全球一流的数字经济产业创新发展引领城市。

2. 高度重视底层技术创新,不惜代价全球组建技术创新平台

创新是数字经济的根基,也是深圳的城市基因。为了抢抓新一轮科技和产业变革战略机遇,深圳不惜代价,打造全球创新生态圈,从2017年起便实施了"十大行动计划",分别是布局十大重大科技基础设施,设立十大基础研究机构,组建十大诺贝尔奖科学家实验室,实施十大重大科技产业转型,打造十大海外创新中心,建设十大制造业创新中心,规划建设十大未来产业集聚区,搭建十大生产性服务业公共服务平台,打造十大"双创"示范基地,推进十大人才工程,以强化全国经济中心城市和国家创新型城市地位。这些行动计划和具体措施大部分与数字经济及关联行业相关,许多措施为全国首创,涵盖创新硬件、基础设施、人才引进、空间载体、产业布局等各个方面,为深圳数字经济底层技术创新奠定了基础。

3. 坚持全面深化改革开放,打造充分激发创新主体活力的数字经济创新环境

数字经济的崛起是一项系统工程,特别是离不开高效运行的创新环境。改革开放是深圳崛起的又一基因,也是深圳数字经济取得成功的重要动力。中共中央、国务院印发的《关于支持深圳建设中国特色社会主义先行示范区的意见》再次突出了改革之于深圳的重大意义,如坚持社会主义市场经济改革方向,探索完善产权制度,依法有效保护各种所有制经济组织和公民财产权;高标准、高质量建设自由贸易试验区,加快构建与国际接轨的开放型经济新体制;支持深圳试点深化外汇管理改革,推动更多国际组织和机构落户深圳;全面提升民主法治建设水平;优化政府管理和服务,推进"数字政府"改革建设,综合应用大数据、云计算、人工智能等技术,提高社会治理智能化专业化水平;等等。深圳也在对标国际,深化商事改革和监管体制改革,致力于打造国际一流的营商环境。

这些改革措施为深圳未来发展数字经济,创造一流的人才条件、产业条件、技术支撑、市场支撑等创新环境打下了基础。

四、杭州

近年来,杭州围绕打造"全国数字经济第一城",使全市数字经济呈现"新一代信息技术蓬勃发展,产业结构优化升级,新经济取得重大突破"的发展特征,在数字经济发展方面已经位列全国第一梯队。

1. 围绕"全国数字经济第一城"目标,打造数字产业集群

杭州每年市级安排15亿元资金加大对以数字经济为重点的产业项目的扶持。其持续做大做强信息软件、云计算与大数据、人工智能、物联网、电子商务、数字内容等核心产业,以及加快发展集成电路、数字安防、通信网络设备产业,加快推进5G、大数据中心、工业互联网等新一代数字经济基础设施建设。截至2019年,全市已建成5G基站1.21万个,共有数据中心58个;IPv6设备覆盖率100%;城域网出口带宽达到9.3 T;2020年将新增5G基站7000个以上。同时,杭州依托数字企业以及浙江大学、西湖大学、之江实验室、阿里达摩院等重点创新平台,聚集创新人才总量超过250万人,互联网人才和海外人才净流入率连续居全国城市首位。

2. 先行开创"城市大脑"应用典范,高质量提升城市现代化治理能力

杭州在全国首先提出"城市大脑"概念,2019年,杭州城市大脑架构体系拓展至11大系统48个应用场景,接入全市部门和区县市的148个数字驾驶舱,特别是聚焦投资项目、商事登记、不动产、公民办事等领域改革,极大地提升了城市治理、民生服务和政府决策能力。由此而推出的从"排队几小时办事几分钟""跑断腿磨破嘴"到"一次也不用跑"在全国成为典型示范,以"指尖轻点手机办事"为代表的数字化转型,成为城市推进治理现代化的新引擎。实际上,杭州的城市大脑理念和实践正深刻改变着全国城

第十三章　国内城市发展数字经济与城市数字化转型经验及启示

市现代化治理体系，具有鲜明的时代意义。

3. 以平台企业为引领，带动全国新业态、新模式蓬勃发展

杭州是许多充满创新、进取精神的企业的所在地，正是这些平台企业见证和引领了杭州数字经济第一城的崛起，构建起了具有杭州特色的数字经济企业梯队，为全国的商业、农业、制造业予以数字化赋能，彻底改变了传统商业、制造模式，促进了大量中小微企业、农业、传统制造业的上云上平台，带动了全国产业数字化的转型，创造出层出不穷的新业态、新模式、新经济。2020年，杭州继续实施"百千万"工程，推动本市规模以上制造企业数字化覆盖率提升至90%；赋能新商业，培育网红经济，发展新电商；赋能新农村，推进省级"数字乡村"示范试点工作，新增市级数字农业示范园区、省级数字工厂建设项目5个。

第二节　广州数字经济发展的比较与评价

广州同为全国数字经济第一梯队，近年来紧紧把握新一轮技术发展趋势，持续增强广州数字经济发展优势，加快提升数字经济规模和质量，聚焦重点领域，推动核心技术突破，吸引培育了一大批成长性好、有发展潜力的优质企业，全力打造数字经济试验区；通过政策创新、体制创新，为数字经济发展营造了良好环境，推动数字经济成为广州经济发展的重要增长极，也使数字化在促进城市治理体系和治理能力现代化方面发挥出越来越重要的作用。

同时，也必须要看到，全球范围内数字化竞争异常激烈，城市是数字竞争的主战场，创新优势一旦形成，发展水平差距便有加大趋势，强者恒强的"马太效应"越来越明显。目前，数字广州建设仍存在创新能力不够强、产业生态不够完善、数字动力释放不够充分、创新主体活力激发不足等问题。

一、数字技术基础创新能力不强,"策源地"功能尚不具备

广州数字经济基础理论与技术研究相对落后或欠缺,技术策源地功能还不具备。全球数字经济仍处于初级阶段,技术大爆发、广泛运用的阶段还未到来,顶尖人才团队主要集中在美国,而中国的相关人才和技术主要分布在北京、上海、深圳,且大部分技术并非处于国际顶尖水平。在这一全球技术背景下,广州虽然起步并不晚,但主要是扮演"跟随者"的角色,最为缺乏的仍然是顶尖的科学家以及颠覆性技术,从而也导致了其数字产业领域缺乏革命性、颠覆性技术和产品,更多的是利用现有技术对传统行业产品的改良;从横向对比来看,广州数字经济领域的技术和产业落后于全球一流水平,也落后于北京、上海,尤其是在人才储备、基础研究、产业链等方面存在较大不足。

二、支撑数字经济可持续发展的三大潜在优势未充分释放

数字技术的创新成果需要融合到实体经济社会发展中才能发挥其对人类社会进步的巨大促进作用。广州已经在社会各部门推广数字+应用场景,但巨大的应用潜能优势仍未释放。一是人口优势,广州常住人口超过1530万人,人均地区生产总值超过2万美元,具有广阔的市场需求优势,拥有丰富的数字技术应用场景,能够产生巨量的数字资源,为基础性数字经济的创新发展提供天然基础支撑。二是产业体系优势,广州还具有较为完整的产业链优势,特别是在商贸领域、电子信息制造、汽车制造、石化领域,都是数字技术、数字经济可以广泛拓展的产业环节,是吸引数字企业加快扎根广州的强有力因素。三是广州还具有基础创新资源优势,尤其是高校、各类技术创新平台等数量位居全省首位,为技术创新提供了必

要的创新人才、技术培育支撑。然而，这三大优势的作用目前还未充分释放，数字技术的场景应用创新方案、市场应用模式还在逐步探索中，数字资源的开放共享、创新应用的壁垒尚未被打破，数字技术与产业升级的衔接流程、标准、工艺、网络构建都还没有形成成熟路径，人才数字化能力教育还有待提升。

三、改革力度相对保守，创新主体活力迸发的局面还需进一步形成

在全球范围内，广州还不是数字技术创新的重要策源地，这也与多领域存在的"数字鸿沟"相关。数字鸿沟不仅存在于技术创新能力方面，还广泛存在于人才培养、科研体系、市场竞争性、金融环境、创新文化氛围、政府政策、法治环境等多个方面。这些因素对数字技术的创新起到重要的支撑和促进作用，我国北京、上海、深圳等全球创新能力较强的地区都对这些环节进行了改革和塑造。广州虽然在上述方面已经积累了很大优势，但与数字经济紧密关联的环节还需要努力提升，问题突出体现在改革的力度不足，政策制定更加体现合规性、缺乏创新性、少有突破性，导致在科研体系方面与数字技术相关的创新机构、创新团队还相对较少，产学研体系还未能够高效率地"打通"，各类创新主体的活力未能够被充分激发。

四、集聚国内外创新要素的能力不足，更需进一步完善数字创新生态圈

人才、创新平台、头部企业仍是数字生态的基本动力要素，是构建数字经济生态圈的核心。广州数字生态系统还不够完善，数字经济类企业主要集中在数字应用领域，数字平台、数字基础设施型企业仍然较少，还难以与工业时代形成的大型企业相媲美，无法在经济社会运行中发挥支柱作用和产业链的辐射带动功能；新兴产业

领域的"独角兽""单打冠军"类企业依然屈指可数,在全球数字企业中,还少有广州本土企业;缺乏在国际国内具有重大影响力的科学基础设施、技术合作平台、前沿创新团队,难以形成有效集聚国内外人才的创新载体;5G等基础设施主要在中心城区部分区域处于示范应用阶段,还未实现全面覆盖。城市更新和旧城改造所需要搭建的云、网、端等数字化基础设施还未开展。

五、公共资源有限,政策支持数字经济全面发展的力度有待加强

数字经济的各个细分领域都是新兴产业,是全球竞相争夺的焦点,谋划发展数字经济必然离不开政策的大力和长期支持。广州市区两级近几年来出台了一系列政策支持措施,效果显著。但受限于广州财力、权限等多方面因素,相比其他4个城市,广州的支持力度仍显不足,如在对新基建和新应用的政策支持、集聚国际顶尖人才团队的力度、搭建重大科技平台的长远计划和支持力度等方面还是有不小差距。

第三节 四城市对广州高质量推进数字经济发展的启示

一、发挥数字经济集聚区的引领功能,重点打造引领型创新平台

广州已经规划建设了数字经济试验区,这将是广州数字经济发展的主引擎,必须要充分夯实其内生创新动力、扩大其辐射带动力,特别是要注重发挥平台企业、龙头企业的带动能力,借鉴深圳、杭州经验,经过5~10年的努力,形成数字产业生态体系。

第十三章 国内城市发展数字经济与城市数字化转型经验及启示

要借鉴上海、深圳经验,以全球化视野谋划和推动数字经济试验区建设,争取国家及各方的支持,尽快在数字经济细分领域或基础共性环节创建 1～2 家国家级创新中心、实验室、技术平台,集聚底层架构基础创新领域的人才。同时,广州要发挥好数字经济试验区的带动能力,带动市内经济社会升级,扩大与广佛都市圈、粤港澳大湾区城市群的合作,实现数字赋能大湾区建设,从而更好地服务国家创新战略需求。

二、以超大城市治理和高质量发展的需求为牵引,合理布局城市数字化场景

数字新业态、新模式创新更加凸显以人为本、以服务为导向、以应用和价值实现为核心的特点。数字技术需要试验田,需要场景多元供给。然而,新场景建设不一定要面面俱到,而应注重场景布局的针对性,特别是应以广州超大城市治理中的难点痛点问题和群众需求为导向,形成以应用为核心,通过试验空间、市场需求协同带动业态融合、促进上下游产业链融通发展。首先,要实现数据平台的统一"治理",借鉴杭州、上海经验,建立统一、共享的"城市大脑",实现"一网通办、一网统管",实现公共资源高效调配、城市事件精准处置,全面提升城市治理精细化、智能化水平,为有效缓解交通拥堵、城市管理、生态环境、公共安全等领域长期存在的痛点难点问题提供支持。对政务服务平台在规划、设计、管理和运维等多方面进行对接共享,消除各类"信息孤岛"。其次,要培育 5G"大生态系统",汇集资源,搭建平台,推出有基础、可操作、能"解渴"的方案,建设可推广、可复制的场景项目,挖掘城市治理中的优秀企业和应用案例,展示数字主体参与广州城市治理中所涌现出的新技术、新模式、新应用,并将其商业模式、市场价值形成示范效应。

三、加速数据要素价值化进程,促进基础性和关联性数字经济领域畅通对接

借鉴上海、深圳经验,让以数据为关键要素的数字经济在更广范围、更深层次、更高质量上"无处不在"。一是加速数据要素价值化进程。推进数据采集、标注、存储、传输、管理、应用等全生命周期的价值管理,打破不同主体之间的数据壁垒,尽早联合湾区城市探索建立统一规范的数据管理制度。二是推进实体产业数字化转型。特别是要针对广州的商贸业、汽车、电子信息、能源、金融业等主导产业,制定数字化转型路线图,引导直接数字企业与间接数字企业之间打通消费与生产、供应与制造、产品与服务间的数据流和业务流。三是鼓励优势企业、科研机构、产业联盟、行业协会等多方力量,组建数字经济各个领域的科技咨询与评估中心、技术交易市场、科技孵化器、创业服务中心等专业服务平台,形成结构合理、特色突出、功能完备的科技服务体系。四是挖掘数据要素市场化的深度。广州及周边城市政府掌握着大量数据,经济规模大、行业分类广、经济主体多,应推进政府数据开放共享,制定数据共享责任清单,加速推进数字市场化开发利用。

四、以数字新基建为引领,不断壮大数字经济生态系统集聚力、带动力

广州可以学习深圳的做法,以新基建为引领,打好数字经济发展基础。一是要加强信息基础设施建设。加快推进5G部署全覆盖和独立组网,加快IPv6、NB-IoT(窄带物联网)的规模部署,促进感知设施与相关行业深度融合,提升城市基础设施网络化、智能化。二是促进数字产业集聚发展。以新基建为人工智能、大数据、区块链、云计算提供基础设施支撑,强化基础研究,突破核心关键技术,提升原始创新能力,聚焦集成电路、基础软件、重大装备等

重点领域，增强数字产业链创新能力。三是强化数字经济法制建设。探索率先建立城市数字领域法律法规，完善数据开放共享、数据交易、知识产权保护、隐私保护、安全保障等领域的法律法规，持续完善数字经济发展的战略举措，加强政策间的相互协同、相互配套，推动形成支持发展的长效机制。

五、坚定不移深化改革，敢于突破，激发存量活力、集聚增量动力

不创新必然落后，不改革同样落后。数字经济是新兴事物，广州必须要大力革新陈旧观念，敢于突破传统思维、旧有框架，可以学习北京、深圳经验，把改革的重点聚焦在存量创新资源的高效利用、集聚新创新增量的吸引力上。如广州可以改革成果评价制度、科研事业单位合作制度，利用好自身的优势资源，充分调动科研院所、高校、头部企业的合作对接；加强知识产权保护，形成科研人员科技成果转化收益分配政策，鼓励企业通过股权、期权等方式激励创新人员，支持企业采用灵活的"双聘"制度等；发挥企业的主导作用，吸引更多的市场主体参与数字经济建设，切实推动形成"包容、审慎、开放"的监管模式落地实施；深化数字经济开放合作；推进与国际城市数字经济技术、标准、园区和人才培养等领域合作的试点示范，共同培育打造国际合作项目，共享顶尖科技专家。

第十四章 加快广州数字经济发展的策略

城市数字变革不是简单的数字基础设施和软硬件部署,而是一场宏大、复杂、全新的系统工程,是一场预见未来、深刻全面的社会变革,涉及生产力和生产关系、经济发展和运营治理、发展理念和文化认同等方面,因此,必须通过加强顶层设计和总体规划,对经济社会各个领域变革做出统筹设计、综合研判,注重系统性、整体性、协同性推进,才能最终形成主动迎接和推动变革的强大合力。

第一节 谋划城市数字变革的新战略

一、建立数字变革战略领导小组

广州可由市委统筹指挥、直接推动,成立数字变革战略领导小组,市委、市政府主要领导任组长,以全市相关部门为成员单位,就城市数字变革中全局性、关键性、方向性和阶段性问题及其相互关系进行分析研判并做出战略决策,构建各部门通力合作、协同推动的战略实施机制,防止战略问题战术化;加强与国家、省有关部门的沟通协调,积极争取对广州5G基础设施建设、5G产业规划发展等的指导支持,争取国家5G领域的改革事项、先行先试政策率先在广州落地。

二、率先制定实施数字广州计划

建议学习借鉴"数字纽约计划",全市联动推进研究制定"数字广州计划",明确广州数字变革总体思路、战略框架、目标愿景和战略路径;制定新一代信息通信基础设施专项规划、5G产业发展专项规划等配套专项规划,加强用电用地等资源要素保障;推动实施"数字广州路线图",明确数字广州建设的阶段目标、重点项目、责任分工和考核机制;向全社会宣传数字广州计划,凝聚社会共识,营造有利于数字变革的舆论氛围;推动实施"穗企上云"计划,探索引入云服务战略合作方,引进和培育综合性和行业性云平台,推进云计算技术的创新发展和融合应用,推广设备联网上云、数据集成上云等深度用云,构建完善的云计算产业链和生态体系,引导和扶持广州企业上云,为企业和产业数字化提供坚实基础。

第二节 加快构建数字经济新产业体系

一、前瞻布局数字经济基础性产业体系

1. 加快发展工业互联网

广州应在汽车、石化、装备制造、电子信息等优势行业优先加快部署工业互联网网关等新技术关键设备;支持科创机构开展时间敏感网络、确定性网络、低功耗工业无线网络等工业互联网中的共性技术研发;围绕制造业与互联网融合关键环节,打造制造企业互联网"双创"平台,支持制造企业与互联网企业跨界融合,培育一批支持制造业发展的"双创"示范基地;构建平台体系,以云计算、大数据领域的龙头企业为带动,协同促进通信企业、互联网企业、信息服务企业等,形成工业网络优势,联合搭建工业数字化转型平台,促进制造业企业升级;构建应用服务体系,以有实力的制造业企业与云计算、大数据龙头企业的融合示范应用为引领,加快促进形成平台商、服务商与制造企业良好对接的转型氛围。

2. 突破发展人工智能产业

广州应强化数据资源丰富、应用场景广阔、产业基础扎实、平台企业初步集聚等基础，围绕"基础资源层＋人工智能技术层、平台层＋人工智能应用层"构建人工智能产业生态圈，在关键核心技术攻关、智能创新融合应用、产业园区创新发展、科技企业引进培育、产业生态系统构建等方面形成协同发展新动能，加快推进人工智能与经济、社会、产业的深度融合发展，将自身打造成为国际先进的人工智能产业发展战略高地。

3. 突破发展区块链产业

广州要跟进抢占发展区块链产业先机，重点是培育硬件设备制造和软件系统研发设计两大领域的竞争力，在软件系统方面，围绕区块链非对称加密、容错机制、分布式存储等区块链关键技术，发展高并发、高吞吐、低延迟、高可靠性的区块链整体解决方案；在区块链硬件制造方面，围绕区块链专用芯片、集成电路和区块链网络设备进行产业培育；打造形成集硬件制造、平台服务、安全服务、技术应用服务、行业投融资、媒体、人才服务等一体的全产业链。

4. 突破发展数字信息安全产业

广州可以重点聚焦信息安全硬件、软件及服务三大领域，发展防火墙产品、入侵检测与入侵防御产品、统一威胁管理产品、身份管理类产品、电子签名类产品、数字支付、安全审计类产品以及终端安全管理产品等数字信息安全产品行业，推进数据加解密、脱密、销毁、完整性验证等数据安全技术研发及应用；提高工业信息系统安全水平，建设系统仿真测试、评估验证等关键共性技术平台；逐步实现对国外信息安全产品的规模性替代。

二、加快服务业数字化转型

启动实施新商业振兴计划，可对标纽约硅巷发展模式，更加注重新技术的应用，重点是将互联网新技术与时尚、传媒、商业、文化、服务业相结合,大力发展互联网应用、软件应用、社交网络、文化娱乐、电子商务等行业,实现科技创新与商业文化的深度融合发展,开创出具有广州特色的新经济发展模式。

1. 大力发展数字商贸,再造广州国际商贸中心新优势

广州是国际商贸中心,商贸领域的数字化转型是数字经济发展最重要领域,也是广州转型发展、巩固传统优势的核心领域。

第一,促进商贸交易模式数字化。广州应鼓励市场主体发展"新零售"商业模式,重构人、货、场关系,促进线上线下全新的交易模式。推动云计算、大数据与商贸服务深度结合,带动传统产业发展,促进供应链配套资源融合,加快构建更加协同的数字化生态,实现全球贸易数据、贸易模式、贸易终端的集聚,形成数字经济时代的新型国际商贸中心。

第二,促进国际商贸平台数字化。广州应利用云计算、大数据和线上平台,促进实体空间资源的网络化,建设国际网上会展中心,形成与线下丰富资源的"双轮驱动"。加强以琶洲互联网创新聚集区为核心的电子商务聚集区建设,吸引国内外电子商务与移动互联网总部企业落户,打造以"互联网+"为特色的世界级电子商务总部和移动互联网品牌聚集区。巩固跨境电商优势,促进大数据设施与跨境电商平台的融合运用,建设跨境电商的全国数据中心。

第三,加快发展数字贸易。广州应加快推动自身从国际商贸中心向国际商贸数字中心转型发展,把贸易汇聚形成的大数据资源塑造成为新的国际贸易优势,把发展数字贸易打造成为贸易的新业态,促进数据存储和运营本地化。

2. 加快文化创意产业数字化升级,再造广州历史文化名城新优势

广州的数字内容产业发达,是数字经济应用领域的重点发展方向。未来广州要加强与文化产业新业态密切相关的数字技术、数字内容、网络技术等高新技术的研发,促进数字化高新技术手段和信息技术与文化产业产品的融合,大力鼓励网络企业、IT企业和通信企业参与网络文化内容产品的生产和经营,大力发展移动互联网、新媒体、流媒体、网络视频、移动电视、动漫网游、网络社区、在线音乐、无线音乐、数字出版、文化O2O（线上到线下）、文化微商、文化电商等文化产业新业态,提升文化产品数字化经营和传播的影响力。

3. 大力发展金融科技,再造广州国际化金融中心新优势

促进数字与金融融合,发展金融科技产业,是广州建设国际化金融中心的重要突破口。一是以消费者需求为中心,利用大数据、云计算等技术及时了解消费者诉求,对客户数字化信息进行综合分析,加强金融科技与医疗、教育等多领域的合作,将其融入日常生活中,逐步建立场景化金融服务体系,丰富金融科技业务及产品服务、拓展金融服务载体,为消费者提供个性化服务。二是加大科技投入力度,特别是要加大金融科技基础设施建设力度。技术是金融创新的来源,底层技术的创造力决定了金融创新活力,金融科技广泛应用的区块链、大数据等技术的创新发展需要底层科研设备的支持。应整合集中各政府部门、各金融机构的相关资源,为底层科技创新提供基础环境。

4. 加快发展数字医疗,再造广州全国医疗中心新优势

数字医疗是把现代计算机技术、信息技术应用于整个医疗过程的一种新型的现代化医疗方式,是公共医疗的发展方向和管理目标。广州拥有丰富的医疗人才、医疗案例、医疗资源,具备良好的发展数字医疗的基础条件。未来要运用物联网、人工智能、大数据等技术嫁接医疗资源,大力发展数字医疗技术,加快促进医疗设备的数字化、网络化,积极推动医疗服务的数字化,促进医疗信息技术的标准,实现医疗设备、医疗服务、医疗流程的全链条数字化,形成率先普及数字医疗的先进城市。

三、推动实施制造业数字化转型

广州应在新发展理念的引领下,加快推动数字经济发展及其与

第十四章　加快广州数字经济发展的策略

实体经济深度融合，做大做强实体经济和数字经济规模，可为实现经济高质量持续健康发展培育新动能;① 加快建设面向行业、企业的工业互联网平台、数字化系统解决方案、工业 App，优先推动汽车、电子、装备制造等优势制造业率先数字化转型升级；大力推进智能制造单元、智能生产线、无人车间、无人工厂、智慧园区建设。广州是全国重要的先进制造业基地和电子信息产业基地，在技术研发、人才资源、应用市场等方面拥有较强优势，要立足发展实际、行业特征分类推进制造业的数字化转型。重点包括以下三个方面：

第一，大力发展智能制造。支持建设一批智能制造技术研发、产品检验检测、工业互联网技术、工业大数据、云制造及工业核心软件开发等产业服务平台，为企业提供工业云平台和行业智能制造技术标准等软硬件基础设施。支持建设一批智能制造服务机构为广州制造企业的智能化转型开展技术服务、咨询服务、人才技术交流。构建数字创新与应用生态系统，率先在汽车、电子、船舶、机械、医药、纺织服装等重点产业领域推进数字化车间、智能工厂、智能装备（产品）、智能管理、智能服务等示范应用。促进行业标准的对接，大力支持制造业企业、中小企业与智能制造平台企业、服务机构的充分对接，多渠道、多方式降低企业智能化转型成本。

第二，大力发展服务型制造业。发展服务型制造业是全球制造业升级发展的主流趋势。面向未来，广州可以以东部、南部服务功能区和服务平台建设为重点区域，加快开展试点示范，在主导产业、战略性新兴产业中培育出一批具有核心竞争力的产业集群和企业群体，支持有实力的大型制造业企业创新业务模式，增加服务环节投入，发展个性化定制服务，由提供产品设备向提供系统服务方案转变。

第三，聚焦发展数字基础型、数字应用型新企业。主要有以下

---

① 参见邝劲松、彭文《数字经济驱动经济高质量发展的逻辑阐释与实践进路》，载《探索与争鸣》2020 年第 12 期，第 132～136、200 页。

两方面内容：①发展数字基础型企业。抢占未来数字经济发展先机，广州不能局限于单一产业链或者局部应用领域，应围绕数字信息基础设施、数字信息关键技术研发、数字资源整合、内容生产、数字平台建设、连接服务等全生态领域进行谋篇布局，大力培育和发展数字基础型企业。②发展数字应用型企业。广州需努力促进企业的数字转型，以数字技术跨界融合应用全面促进实体经济转型升级，改造提升传统产业，形成以数据资源为核心要素、以信息技术为变革动力及以数据融合为作用方式的数字应用型企业，重新打造产业链、供应链、服务链、信用链、资本链、价值链，把数字应用型企业作为构建现代化经济体系、实现高质量发展的重要动力。

第三节　探索建设数字经济新平台体系

一、与深圳合作共建5G产业合作创新平台

深圳拥有华为等5G技术世界领先的企业，以及中兴通讯等40余家涉及5G业务的上市企业，在5G核心技术研发创新领域具有明显优势。广州可加强与深圳建立重大科技联合攻关和产业协同发展机制，推进产业关键共性技术合作研发和成果产业化，鼓励两市企业、高校和科研机构联合建设重点实验室、工程研究中心、企业技术中心等创新载体；共同加快建设5G相关学科，提升粤港澳大湾区5G相关人才的供给水平；共同做好粤港澳大湾区5G频率协调工作。

二、组建广州数字战略与技术研究院

广州应对标国际一流水平，创新建设模式、人才使用与培养模式，将与国际国内一流企业、高校、科研院所合作及自主培育相结合，整合高端创新资源，组建广州数字战略与技术研究院，在数字

变革战略研究、基础与应用研究、关键核心技术攻关、科技成果转移转化等重点领域发挥支撑作用。

三、组建广州数字发展集团

由广州全资或控股、联合国内国际社会资本，发起成立的新型科技平台公司广州数字发展集团，按照市委、市政府关于推进城市数字变革的总体要求，携手各知名企业与社会各界共同打造数字城市产业生态圈。数字发展集团将率先以城市国资国企数据资源和场景资源为依托，充分发挥节点和平台作用，夯实城市数字变革的数字底座，助推市属企业的数字化转型和智慧城市建设。

四、组建广州国际数字开发银行

广州应联合社会金融资本，探索成立广州国际数字开发银行，为城市数字基础设施、数字资源整合、数字经济发展、国际数字合作提供支持；支持数字企业开展数据资产管理、交易、抵押、结算、交付和融资等业务。

五、探索设立城市数字发展基金

广州应充分发挥财政资金的撬动、扶持作用，采取"引导基金、母基金、子基金"三层架构模式，引导金融资本、社会资本共同设立城市数字发展基金，重点支持城市数字变革关键领域、重点平台、重大项目以及各类试点示范。

六、搭建城市数字变革全球伙伴网络

广州应发起成立城市数字变革全球伙伴计划，顺应全球各个城市争相推进智慧城市和数字变革的趋势，与全球主要城市共同就城市数字变革重大战略问题、数字变革技术标准、数字变革经验模式、数字变革成果推广、数字变革风险防范、数字变革议题设置等合作开展探索，主动拥抱数字变革新时代的到来。

广州应发起设立城市数字变革国际论坛，整合国际国内智慧力量，争取国家支持，率先发起设立城市数字变革国际论坛，探讨、研究、发布人类数字变革新进展、新趋势；持续举办系列数字变革各类交流研讨决策会议，形成"数字变革广州方案"，把广州打造成为全球城市数字变革策源地和风向标。

广州应培育引进数字变革组织机构，积极发起设立各类国际性、全国性和区域性数字变革组织机构，提升广州数字变革国际话语权；遵循国际惯例，积极搭建非政府组织国际交流平台，鼓励数字企业积极参与国际标准制定，深度参与全球数字资源的整合分配；提高政府服务购买强度，给予数字变革组织机构更多参与承办政府重大经济社会活动、对外交流活动等的机会，加速促进其成长。

第四节　努力完善数字城市生态体系

一、全面开展数字理念教育

广州可在全市党政机关、事业单位和国有企业中系统开展数字经济、数字城市和数字变革主题培训和教育活动，提升干部、企业家和从业人员的认知和实践能力，增强全市干部推进数字变革的紧迫感和危机感。

广州应提升数字素养和数字教育水平。数字经济对劳动者和消费都提出了更高的要求，具备足够的数字化素养极其关键的。[①] 城市的数字化转型对于提升城市治理水平和加快高质量发展都有至关

---

① 参见王鸥《数字经济的特征与未来发展趋势》，载《中国市场》2020年第6期，第189~190页。

重要的意义。但是，城市在进行数字化转型时不应忽略信息无障碍的重要性，应使数字化城市在精准、经济和高效的同时，也能够是普惠、包容和公平的。[①] 广州应建立合作培训平台，支持高等院校、职业学校和社会化机构等开设开展数字知识和技能教育课程，普及数字教育，加快探索从基础教育阶段开展数字化课程教育，促进数字专家、数字服务组织进课堂、进社区，培育新生代公民群体，大力培育形成"数字产业人才""数字应用公民"两类群体；建立全国领先的数字教育培训体系，制定并在教育培训体系中积极落实全民数字素养和数字伦理培训计划，鼓励全社会践行科技向善理念，严守科技伦理底线，夯实数字变革的社会认识基础。

广州应完善新就业促进与扶持政策，即鼓励和支持灵活就业、零工经济等新就业形态发展，将各类新就业形态纳入全市就业优先政策和就业统计监测体系；转变以标准就业为主的就业促进理念，将促进各类数字经济新就业形态发展作为"稳就业"工作的重要手段，将支持就业的各类政策延伸覆盖至新就业形态人员；研究制定符合新就业形态特征的非标准劳动关系体系，使其有别于标准就业，并建立多元化劳动标准制度。

二、培育壮大数字平台生态

广州应积极培育数字经济新生态。广州发展数字经济，最终目的是要构建形成结构完整的数字经济生态体系，应加快在数字设施建设、数字技术研发、数字资源整合、数字内容生产、数字平台建设、数字应用服务、数字标准规则、数字环境治理等领域形成优势；培育若干具有代表性的国内外技术领先型、平台领先型、模式先进型的企业主体和研发主体，为抢先形成数字经济时代的先行优势奠定基础。

[①] 参见马亮《打通数字化城市转型的"最后一公里"》，载《社会科学报》2020年11月19日，第4版。

广州应大力推动工业互联网平台、数字市场交易平台、供应链服务平台、电子商务平台、社会资讯服务平台、分享经济平台、智慧城市运营平台等实体平台和虚拟平台的发展,完善数字变革"生态群落";大力实施"平台+生态"的发展战略,以数字平台企业为中心,促进中小企业与平台企业的共生协调发展,带动城市生产方式、生活方式创新,促进城市数字化变革。

广州应大力发展平台经济、共享经济新业态。大数据已成为互联网平台和数字企业发展的关键生产要素和重要竞争手段,深刻改变着市场竞争的性质和方式,能显著提高市场效率和社会福利,在加强规制、提升监管能力、坚决反对垄断和不正当竞争行为的基本条件下,仍需要鼓励和支持发展平台经济、共享经济等新业态。一是发展平台经济。大力发展云计算、大数据等技术,发挥政府引导作用,培育和引进数字平台企业,着力培育行业和跨行业的平台经济体、"独角兽"企业,打造数字经济"生态群落"。整合区域产业资源,发展融合型数字经济和服务型数字经济两大类型的数字经济平台,打造智能制造、智能服务平台,优先在数字工业互联网平台、电子商务、互联网金融、医疗健康、大数据与云计算、数字文化平台、数字音乐平台、数字智能政务平台、数字智能交通平台等领域进行布局谋划,不断提升广州资源配置能级和全球影响力。二是发展共享经济。以满足消费需求和消费意愿为导向,构建分享经济发展的环境,支持新兴企业借助数字信息平台实现产业链各环节用户的资源共享,连接起产品、商品所有者和使用者,在共享工厂、共享城市设施、共享教育医疗文化等各个领域规范发展,构建"存量资源+共享平台+人人参与"的新经济模式,提高资源利用效率,提升广州城市资源配置与利用效率,为数字经济发展注入新活力。

三、精准培育数字变革的新市场

广州应建设互联互通的智慧城市。智慧城市将全面提高城市综

第十四章 加快广州数字经济发展的策略

合管理效率,带动物联网产业发展,让城市生活更美好。[①] 我们要通盘考虑城市数字化转型,构建智慧城市"一张网",建设全方位的智慧城市。打破各部门之间以及与周边城市的信息隔膜,规范统一各类软件信息系统的协议和标准。以公共民生领域为优先,推广物联网、人工智能等数字技术在医疗、教育、环保、交通、电力等方面的应用,实现万物互联。充分提升广州数据设施和服务中心的功能和地位,运用物联网、互联网、大数据平台以及高铁网、高速公路网、航空网,把周边城市连接为一体,促进城市群、城市带、城市圈、城乡群的融合。以广州国际优势领域为重点,重点构建面向未来的智能交通体系和方式,促进数字技术在航空、航运、轨道交通、无人驾驶等领域的广泛应用,打造新型的国际性综合交通枢纽。促进数字信息化技术在贸易、流通、商业商务等领域的应用,形成线上线下、实物虚拟相互融合的新流通形态,构建新型国际商贸中心。

广州应加快建设国际领先的基础设施体系。围绕云计算、大数据基础设施、信息网络基础设施和城市数字化基础设施等硬件设施以及数字化软件设施开展研发和部署。推动以 5G 为核心的网络宽带升级,尽快开展 IPv6 网络建设和普及,以充分满足智能制造、工业互联网、物联网、智慧城市等的数字化设施需求。以平台型企业为引领,建设云计算、大数据基础设施。全面构建全光网城市,加快网络和平台优化升级,布局超大容量光传输系统、高性能路由设备和大数据云平台等基础设施。加大创新数字化软件,突出关键共性技术、前沿引领技术、现代工程技术、颠覆性技术创新,促进数字设施的网络化融合。

广州应加快制定免费开放政府和社会公共物业建设数字基础设施的方案。完善政府补贴和采购制度,吸引相关企业参与投资建设以 5G 和 IPv6 为核心的新一代信息技术基础设施。整合统筹市、区

[①] 参见巫细波、杨再高《智慧城市理念与未来城市发展》,载《城市发展研究》2010 年第 11 期,第 56 ~ 60、40 页。

市政管道资源，与电信运营企业及其他社会主体开展合作，加大全市通信管道共享力度。系统推行交通、安全、环卫等领域的智慧城市管理解决方案，开展大数据应用综合性试验，推动建设跨部门、跨层级、跨业务的大数据中心。

广州应创造应用场景壮大的数字市场。以往我们主要是从产业链的角度去构想企业的发展战略，而未来广州要更加注重数字生态发展理念，鼓励商业模式创新和技术创新。[①] 加快推出人工智能、5G、云计算、大数据等数字技术应用场景的建设实施计划，加大对5G基建项目的支持，免费开放政府机关物业和政府投资的各类建设项目配合建设5G基站等通信基础设施。结合广州经济社会结构特征，优先聚焦数字政府、智能网联汽车、智慧交通、智慧医疗、智慧教育、智慧家庭、智慧社区，为数字企业创建智能技术深度应用场景，吸引更多人工新技术、新模式在广州率先应用。

四、营造激励数字变革的新环境

广州应探索建立数字变革的监管沙盒。借鉴英国、新加坡等地的经验，在国内率先探索"沙盒"监管模式，激励政府和市场创新行为，为城市数字变革催生的新经济、新业态、新模式创造更加明确宽松的环境，打造数字变革创新试验场。深化数字领域"放管服"改革，简化行政审批事项，放宽数字经济领域的准入条件和企业设立门槛。

广州应完善规则保障，构建安全的数字生态环境。加快出台数字经济发展规划，出台支持性政策，加大政府补贴，拓宽行业准入制度。[②] 作为新兴业态的代表，不仅企业需要在市场和政策的冲突

[①] 参见王伟玲、王晶《我国数字经济发展的趋势与推动政策研究》，载《经济纵横》2019年第1期，第69~75页。
[②] 参见余长林、杨国歌、杜明月《产业政策与中国数字经济行业技术创新》，载《统计研究》2021年第1期，第51~64页。

第十四章　加快广州数字经济发展的策略

中自我修正，政策制定者也必须要通过法律、法规和管理制度的调整，促进数字经济发展。[①] 要加快推动相关立法进程，从法律框架、技术手段、组织架构、能力建设以及国内外合作等方面构建数据安全体系，特别是要加强关键基础设施安全、数据安全和各类信息保护、网络传输安全等，加快制定数据安全管理办法、信息和重要数据出境安全评估办法。建立健全推进数字变革的容错、纠错机制，加大知识产权保护和综合执法力度，建设网络安全态势感知与风险监测平台，强化对产业网络、城市网络和数据资源运行经营主体的保护和监管，建立数字治理"防火墙"。

---

① 参见赵建波《数字经济的崛起与规范》，载《清华管理评论》2019 年第 1 期，第 88～92 页。

参 考 文 献

[1] 波士顿咨询公司. 迈向2035：4亿数字经济就业的未来 [R/OL]. (2017-01-10) [2021-08-10]. https://web-assets.bcg.com/img-src/BCG_Year-2035_400-Million-Job-Opportunities-Digital-Age_CHN_Jan2017_tcm9-153965.pdf.

[2] 陈梦根, 张鑫. 数字经济的统计挑战与核算思路探讨 [J]. 改革, 2020 (9).

[3] 关会娟, 许宪春, 张美慧, 等. 中国数字经济产业统计分类问题研究 [J]. 统计研究, 2020 (12).

[4] 郝寿义, 安虎森. 区域经济学 [M]. 北京：经济科学出版社, 2015.

[5] 金江军. 数字经济引领高质量发展 [M]. 北京：中信出版社, 2019.

[6] 经济合作与发展组织. 衡量数字经济：一个新的视角 [M]. 张晓, 等译. 上海：上海远东出版社, 2015.

[7] 李海舰, 李燕. 对经济新形态的认识：微观经济的视角 [J]. 中国工业经济, 2020 (12).

[8] 李金昌, 洪兴建. 关于新经济新动能统计研究的若干问题 [J]. 现代经济探讨, 2020 (4).

[9] 马骏, 司晓, 袁东明, 等. 数字化转型与制度变革 [M]. 北京：中国发展出版社, 2020.

[10] 潘教峰, 万劲波. 构建现代化强国的十大新型基础设施 [J]. 中国科学院院刊, 2020 (5).

[11] 热若尔·罗兰. 转型与经济学 [M]. 张帆, 等译. 北京：北京大学出版社, 2002.

[12] 石正方, 李培祥. 城市功能转型的结构优化分析 [J]. 生产

力研究，2002（2）．

［13］王宇霞．2019年中国数字经济发展指数发布 围绕四大维度构建指标体系［J］．互联网经济，2019（11）．

［14］续继．国内外数字经济规模测算方法总结［J］．信息通信技术与政策，2019（9）．

［15］谢康，夏正豪，肖静华．大数据成为现实生产要素的企业实现机制：产品创新视角［J］．中国工业经济，2020（5）．

［16］谢康，王帆．数字经济理论与应用基础研究［J］．中国信息化，2019（5）．

［17］徐清源，单志广，马潮江．国内外数字经济测度指标体系研究综述［J］．调研世界，2018（11）．

［18］向书坚．OECD数字经济核算研究最新动态及其启示［J］．统计研究，2018（12）．

［19］于施洋，王建冬，郭鑫．数字中国：重塑新时代全球竞争力［M］．北京：社会科学文献出版社，2019．

［20］张鹏．数字经济的本质及其发展逻辑［J］．经济学家，2019（2）．

［21］周宏仁．做大做强数字经济 拓展经济发展新空间［J］．时事报告（党委中心组学习），2017（5）．

［22］张浩南，廖萍萍．共享经济研究动态与评述［J］．福建商学院学报，2019（1）．

［23］BEA. Defining and measuring the digital economy ［R/OL］. （2018－03－15）［2021－08－10］. https://www.bea.gov/sites/default/files/papers/defining-and-measuring-the-digital-economy.pdf.

［24］IMF. Measuring the digital economy ［R/OL］. （2018－02－28）［2021－08－10］. https://www.imf.org/~/media/Files/Publications/PP/2018/022818MeasuringDigitalEconomy.ashx.

［25］International Telecommunication Union. Measuring the information society report 2014 ［R/OL］. （2014－11－24）［2021－08－

10]. https://www.itu.int/en/ITU-D/Statistics/Pages/publications/mis2014.aspx.

[26] World Economic Forum. The global information technology report 2016 [R/OL]. (2016 – 07 – 05) [2021 – 08 – 10]. https://www3.weforum.org/docs/GITR2016/WEF_GITR_Full_Report.pdf.